SUPPLÉMENT

AUX ŒUVRES

DE

M. BOULANGER.

ESSAI PHILOSOPHIQUE

SUR LE

GOUVERNEMENT,

Où l'on prouve l'influence de la Religion sur la Politique.

Ouvrage posthume de M. BOULANGER.
I. D. P. & C. H.

A LONDRES,

M. DCC. LXXXVIII.

GOUVERNEMENT.

L E mot Gouvernement, fignifie l'art & la fcience de maintenir les hommes en fociété, & de les y rendre heureux; objet fublime, le plus utile & le plus intéreffant qu'il y ait pour le genre humain.

Nous ne parlerons point ici de ce que font, ou de ce que devroient faire les Puiffances de la terre : inftruites par les fiécles paffés, elles feront jugées par ceux qui nous fuivront. Renfermons-nous donc dans l'expofition hiftorique des divers Gouvernements qui ont fucceffivement paru, & des divers moyens qui ont été employés pour conduire les nations.

L'on réduit communément à trois genres tous les Gouvernements établis. 1°. Le defpotique, où l'autorité réfide dans la volonté d'un feul. 2°. Le Républicain, qui fe gouverne par le peuple ou par les premieres claffes du peuple; & 3°. Le monarchique, ou la puiffance d'un Souverain unique tempérée par des loix ou par des coutumes que la fageffe des Monarques, & que le refpeĉt des peuples ont rendu facrées & inviolables; parce qu'utiles aux uns & aux autres, elles affermiffent le trône, défendent le Prince, & protegent les Sujets.

A ces trois Gouvernements, nous devons joindre un quatrieme : c'eft le théocratique, que les Ecrivains politiques ont oublié de confidérer. Sans doute qu'ils ont été embarraffés de donner un rang fur la terre à un Gouvernement où des Officiers & des Miniftres commandent au nom d'une Puiffance & d'un Etre invifible. Peut-être cette adminiftration leur a-t-elle paru trop particuliere & trop furnaturelle pour la mettre au nombre des Gouvernements politiques. Si ces Ecrivains euffent cependant fixé des regards plus réfléchis fur les premiers tableaux que préfente l'antiquité, & s'ils euffent combiné & rapproché tous les fragments qui nous reftent de fon hiftoire, ils auroient reconnu que cette théocratie, quoique furnaturelle, a été, non-feulement un des premiers Gouvernements que les hommes se sont donnés, mais que ceux que nous venons de nommer, en sont successivement sortis, en ont été les suites nécessaires ; & qu'à commencer à ce terme, ils sont tous liés par une chaîne d'événements continus, qui embrassent presque toutes les grandes révolutions qui sont arrivées dans le monde politique & dans le monde moral.

La théocratie que nous avons ici particuliérement en vue, n'est point, comme on pourroit d'abord le penser, la théocratie mosaïque, mais une autre plus ancienne & plus étendue, qui a été la source de quelques biens & de plus grands maux, & dont la théocratie des Hébreux n'a été dans son temps qu'un renouvellement & qu'une sage réforme qui les a séparés du genre humain, que les abus de la premiere avoient rendu idolâtre. Il est vrai que cette théocratie primitive est presque ignorée, & que le souvenir s'en étoit même obscurci dans la mémoire des anciens peuples ; mais l'analyse que nous allons faire de l'histoire de l'homme en société, pourra la faire entrevoir, & mettre même tout-à-fait sur la voie de la découvrir ceux qui voudront par la suite étudier & considérer attentivement tous les objets divers de l'immenſe carrière que nous ne pouvons ici que légérement parcourir.

Si nous voulions chercher l'origine des Sociétés & des Gouvernements en Méta-phyſiciens, nous irions trouver l'homme des terres auſtrales. S'il nous convenoit de parler en Théologiens ſur notre état primitif, nous ferions paroître l'homme dégénéré de ſa premiere innocence : mais pour nous conduire en ſimples Hiſtoriens, nous conſidérons l'homme échappé des malheurs du monde après les dernieres révolutions de la nature. Voilà la ſeule & l'unique époque où nous puiſſions re-monter ; & c'eſt là le ſeul homme que nous devions conſulter ſur l'origine & les principes des ſociétés qui ſe ſont for-mées depuis ces événements deſtructeurs. Malgré l'obſcurité où il paroît qu'on doit néceſſairement tomber en franchiſſant les bornes des temps hiſtoriques, pour aller chercher au-delà, & dans des eſpaces té-nébreux, des faits naturels, & des inſti-tutions humaines, nous n'avons cependant point manqué de guides & de flam-beaux. Nous nous ſommes tranſportés au milieu des anciens témoins des cala-mités de l'univers ; nous avons examiné comment ils en étoient touchés, & quelles étoient les impreſſions que ces calamités faiſoient ſur leur eſprit, ſur leur cœur, & ſur leur caractere. Nous avons cherché à ſurprendre le genre humain dans l'excès de ſa miſere; & pour l'étudier, nous nous ſommes étudiés nousmêmes, ſinguliérement prévenus que malgré la différence des ſiecles & des hommes, il y a des ſentiments communs & des idées uniformes qui ſe réveillent univerſellement par les criſes de la nature, & même par les ſeules terreurs paniques dont certains ſiecles connus ſe ſont quelquefois effrayés. Après l'examen de cette conſcience commune, nous avons réfléchi ſur les ſuites les plus naturelles de ces impreſſions, & ſur leur action à l'égard de la conduite des hommes; & nous ſervant de nos conſéquences comme de principes, nous les avons rapprochés des uſages de l'antiquité; nous les avons comparés avec la police & les loix des premieres nations, avec leur culte & leur gouvernement. Nous avons ſuivi d'âge en âge les diverſes opinions & les coutumes des hommes, tant que nous avons cru y connoître les ſuites, ou au moins les veſtiges des impreſſions primitives;

A iv

& par-tout en effet, il nous a semblé appercevoir dans les annales du monde une chaîne continue quoiqu'ignorée, une unité finguliere cachée fous mille formes, & dans nos principes, la folution d'une multitude d'énigmes & de problêmes obfcurs qui concernent l'homme de tous les temps, & fes divers gouvernemens dans tous les fiecles.

Nous épargnerons au Lecteur l'appareil de nos recherches, il n'aura que l'analyfe de notre travail ; & fi nous ne nous fommes pas fait illufion, il apprendra quelle a été l'origine & la nature de la théocratie primitive. Aux biens & aux maux qu'elle a produits, il reconnoîtra l'âge d'or & le regne des Dieux. Il en verra naître fuccefiivement la vie fauvage, la fuperftition & la fervitude, l'idolâtrie & le defpotifme. Il en remarquera la réformation chez les Hébreux; les Républiques & les Monarchies paroîtront enfuite dans le deffein de remédier aux abus des premieres légiflations. Le Lecteur pefera l'un & l'autre de ces deux Gouvernemens ; & s'il a bien fuivi la chaîne des événemens, il jugera ainfi que nous, que le dernier feul a été l'effet de l'extinction total des anciens préjugés, le fruit de la raifon & du bon fens, & qu'il eft l'unique Gouvernement qui foit vérita-blement fait pour l'homme & pour la terre.

Il faudroit bien peu connoître le genre humain pour douter que dans ces temps déplorables où nous nous fuppofons avec lui, & dans les premiers âges qui les ont fuivis, il n'ait été très-religieux, & que fes malheurs ne lui aient alors tenu lieu de féveres Miffionnaires & de puif-fants Légiflateurs, qui auront tourné tou-tes fes vues du côté du ciel & du côté de la morale. Cette multitude d'inftitu-tions aufteres & rigides, dont on trouve de fi beaux veftiges dans l'Hiftoire de tous les peuples fameux par leur anti-quité, n'a été fans doute qu'une fuite générale de ces premieres difpofitions de l'efprit humain. Il en doit être de même de leur police. C'eft fans doute à la fuite de tous les événements malheureux qui ont autrefois ruiné l'efpece humaine, fon féjour & fa fubfiftance, qu'ont dû être faits tous ces réglements admirables que nous ne trouvons que chez les peuples les plus anciens, fur l'agriculture, le tra-vail, l'induftrie, la population, l'éduca-tion, & fur tout ce qui concerne l'éco-nomie publique & domeftique.

Ce fut néceſſairement ſous cette époque, que l'unité de principes, d'objets,
& d'actions s'étant rétablie parmi les mortels réduits à un petit nombre, & preſſés
des mêmes beſoins; ce fut alors que ſes
loix domeſtiques devinrent la baſe des
loix, ou pour mieux dire, les ſeules loix
des ſociétés, ainſi que toutes les plus antiques légiſlations nous le prouvent.

Comme la guerre forme des Généraux
& des Soldats; de même les maux extrêmes du genre humain, & la grandeur
de ſes néceſſités, ont donné lieu en leur
temps aux loix les plus ſimples & les
plus ſages, & aux légiſlations primitives,
qui dans les choſes de police ont eu ſou-
verainement pour objet le véritable & le
ſeul bien de l'humanité. L'homme alors
ne s'eſt point laiſſé conduire par la coutume. Il n'a pas été chercher des loix
chez ſes voiſins, mais les a trouvées dans
ſa raiſon & dans ſes beſoins.

Que le ſpectacle de ces premieres ſociétés devoit être touchant! auſſi pures
dans leur morale que régulieres dans leur
diſcipline, animées d'une fervente cha-
rité les unes envers les autres, mutuelle-
ment ſenſibles & étroitement unies, c'é-
toit alors que l'égalité brilloit & que l'é-

quité régnoit fur la terre. Plus de tien, plus de mien; tout appartenoit à la fociété, qui n'avoit qu'un cœur & qu'un efprit. *Erat terra labii unius, & fermonum eorumdem.* Gen. 11. 1.

Ce n'eft donc point une fable dépourvue de toute réalité que la fable de l'âge d'or tant célébrée par nos peres. Il a dû exifter vers les premieres époques du monde renouvellé, un temps, un ancien temps, où la juftice, l'égalité, l'union & la paix ont régné parmi les humains. S'il y a quelque chofe à retrancher des récits de la mythologie, ce n'eft vraifemblablement que le riant tableau qu'elle nous a fait de l'heureux état de la nature: Elle devoit être alors bien moins belle que le cœur de l'homme. La terre n'offroit qu'un défert rempli d'horreurs & de miferes, & le genre humain ne fut jufte que fur les débris du monde.

Cette fituation de la nature, à qui il a fallu plufieurs fiecles pour fe réparer, & pour changer l'affreux fpectacle de fa ruine en celui que nous lui voyons aujourd'hui, fut ce qui retint long-temps le genre humain dans cet état prefque furnaturel. La morale & le genre de vie de l'âge d'or n'ont pu régner enfuite au milieu des sociétés agrandies, parce qu'elles ne conviennent pas plus au luxe de la nature, qu'au luxe de l'humanité, qui n'en a été que la suite & l'effet. A mesure que le séjour de l'homme s'est embelli ; à mesure que les sociétés se sont multipliées, & qu'elles ont formé des villes & des états, le regne moral a dû nécessairement faire place au regne politique ; & le tien & le mien ont dû paroître dans le monde, non d'abord d'homme à homme, mais de famille à famille, de société à société, parce qu'ils y sont devenus indispensables, & qu'ils font partie de cette même harmonie qui a dû rentrer parmi les nations renouvellées, comme elle est insensiblement rentrée dans la nature après le dernier cahos.

Cet âge d'or a donc été un état de sainteté, un état surnaturel, digne de notre envie, & qui a justement mérité tous les regrets de l'antiquité. Cependant, lorsque les législations postérieures en ont voulu adopter les usages & les principes sans discernement, le bien s'est nécessairement changé en mal, & l'or en plomb. Peut-être même n'y auroit-il eu jamais d'âge de fer, si l'on n'eût point usé de cet âge d'or lorsqu'il n'en étoit plus temps; c'eſt ce dont on pourra juger par la ſuite de cet article.

Tels ont été les premiers, & nous pouvons dire les heureux effets des malheurs du monde, Ils ont forcé l'homme à ſe réunir : dénué de tout, rendu pauvre & miſérable par les déſaſtres arrivés, & vivant dans la crainte & l'attente de ceux dont il ſe crut long-temps encore menacé, la religion & la néceſſité en raſſemblerent les triſtes reſtes, & les porterent à être inviolablement unis, afin de ſeconder les effets de l'activité & de l'induſtrie. Il fallut alors mettre en uſage tous ces grands reſſorts dont le cœur humain n'eſt conſtamment capable que dans l'adverſité. Ils ſont chez nous ſans force & ſans vigueur; mais dans ces triſtes ſiecles il n'en fut pas de même, toutes les vertus s'exalterent; & l'on vit le regne & le triomphe de l'humanité, parce que ce ſont là ſes inſtants.

Nous n'entrerons point dans le détail de tous les moyens qui furent mis alors en uſage pour réparer les maux du genre humain, & pour rétablir les ſociétés. Quoique l'hiſtoire ne nous les ait point tranſmis, ils ſont aiſés à connoître; & quand on conſulte la nature, elle nous les fait retrouver dans le fond de nos cœurs. Pourroit-on douter, par exemple, qu'une des premieres suites des impreſſions que fit ſur les hommes l'aſpect de la ruine du monde, n'ait été d'écarter du milieu des premieres familles, & même du milieu des premieres nations, cet eſprit deſtructeur dont elles n'ont ceſſé par la ſuite d'être animées les unes contre les autres? La violence, les meurtres, la guerre, & leurs ſuites effroyables ont dû être, pendant bien des ſiecles, inconnus ou abhorrés des mortels. Inſtruits par la plus puiſſante de toutes les leçons, que la Providence a des moyens d'exterminer le genre humain en un clin d'œil, ſans doute qu'ils ſtipulerent entre eux, & au nom de leur poſtérité, qu'ils ne répandroient jamais de ſang ſur la terre. Ce fut là en effet le premier précepte de la loi de nature, où les malheurs du monde ramenerent néceſſairement les ſociétés. *Requiram animam hominis de manu fratris ejus quicumque effuderit humanum ſanguinem, &c.* Gen. 9. 5. & 6. Les peuples qui juſqu'aujourd'hui ont évité comme un crime de répandre ou de boire le ſang des animaux, nous offrent un veſtige de cette primitive humanité. Mais ce n'en eſt qu'une ombre foible; & ces

peuples souvent barbares & cruels à l'é-
gard de leurs semblables, nous montrent
bien qu'ils n'ont cherché qu'à éluder la
premiere & la plus sacrée de toutes les
loix.

Ce n'est point cependant encore dans
ces premiers moments qu'il faut chercher
ces divers Gouvernements politiques, qui
ont ensuite paru sur la terre. L'état de
ces premiers hommes fut un état tout
religieux. Leurs familles pénétrées de la
crainte des jugements d'en - haut, vécurent quelques temps sous la conduite des
peres, qui rassembloient leurs enfants, &
n'eurent point entre elles d'autres biens
que leurs besoins, ni d'autre Roi que
le Dieu qu'elles invoquoient. Ce ne fut
qu'après s'être multipliées qu'il fallût un
lien plus fort & plus frappant pour des
sociétés nombreuses, que pour des familles, afin d'y maintenir l'unité, dont
on connoissoit tout le prix, & pour entretenir cet esprit de religion, d'écono-
mie, d'industrie & de paix, qui seule
pouvoit réparer les maux infinis qu'avoit
souffert la nature humaine : on fit donc
alors des loix. Elles furent dans ces commencements aussi simples que l'esprit qui
les inspira. Pour en faire le projet, il ne

fallut point recourir à des Philofophes fublimes, ni à des Politiques profonds. Les befoins de l'homme les dicterent; & quand on en raffembla toutes les parties, on ne fit fans doute qu'écrire ou graver fur la pierre ou fur le bois, ce qui avoit été fait jufqu'à ces temps heureux, où la raifon des particuliers n'ayant point été différente de la raifon publique, avoit été la feule & l'unique loi. Telle a été l'origine des premiers codes; ils ne changerent rien aux refforts primitifs de la conduite des fociétés. Cette précaution nouvelle n'avoit eu pour objet que de les fortifier en raifon de la grandeur & de l'étendue du corps qu'ils avoient à faire mouvoir, & l'homme s'y foumit fans peine; fes befoins lui ayant fait connoître de bonne heure qu'il n'étoit point un être qui pût vivre ifolé fur la terre, il s'étoit dès le commencement réuni à fes femblables, en préférant les avantages d'un engagement néceffaire & raifonnable à fa liberté naturelle; & l'agrandiffement de la fociété ayant enfuite exigé que le contrat tacite que chaque particulier avoit fait avec elle, en s'y incorporant, eût une forme plus folemnelle, & qu'il devînt authentique, il y confentit donc

donc encore. Il fe foumit aux loix écri-
tes & à une fubordination civile & politique. Il reconnut dans fes anciens des
Supérieurs, des Magiftrats, des Prêtres.
Bien plus, il chercha un Souverain, parce
qu'il connoiffoit dès-lors qu'une grande
fociété fans chef ou fans Roi, n'eft qu'un
corps fans tête, & même qu'un monftre,
dont les mouvements divers ne peuvent
avoir entre eux rien de raifonné ni d'har-
monique.

Pour s'appercevoir de cette grande vérité, l'homme n'eut befoin que de jetter
un coup d'œil fur cette fociété qui déja
s'étoit formée. Nous ne pouvons en effet,
à l'afpect d'une affemblée, telle qu'elle
foit, nous empêcher d'y chercher celui
qui en eft le chef ou le premier : c'eft
un fentiment involontaire & vraiment naturel, qui eft une fuite de l'attrait fecret
qu'ont pour nous la fimplicité & l'unité,
qui font les caracteres de l'ordre & de
la vérité ; c'eft une infpiration précieufe
de notre raifon, par laquelle tel penchant
que nous ayons tous vers l'indépendance,
nous favons nous foumettre pour notre
bien-être, & pour l'amour de l'ordre.
Loin que le fpectacle de celui qui pré-
fide fur une fociété, foit capable de cau-

B

fer aucun déplaifir à ceux qui la compo-
fent, la raifon privée ne peut le voir fans
un retour agréable & flatteur fur elle-
même, parce que c'eft cette fociété entiere, & nous-mêmes qui en faifons partie, que nous confidérons dans le chef,
& dans cet organe de la raifon publique
dont il eft le miroir, l'image, & l'augufte
repréfentation. La premiere fociété réglée & policée par les loix, n'a pu fans
doute fe contempler elle-même fans s'admirer.

L'idée de fe donner un Roi, a donc
été une des premieres idées de l'homme
fociable & raifonnable. Le fpectacle de
l'univers feconda même la voix de la raifon. L'homme alors inquiet levoit fouvent les yeux vers le ciel, pour étudier
les mouvements des aftres, & leur accord, d'où dépendoit la tranquillité de la
terre & de fes habitants, & remarquant
fur-tout cet aftre unique & éclatant, qui
femble commander à l'armée des cieux,
& en être obéi. Il crut voir là-haut l'i-
mage d'un bon Gouvernement, & y reconnoître le modele & le plan que de-
vroit fuivre la fociété fur la terre pour le
rendre heureux & immuable par un femblable concert; la religion enfin appuya

tous ces motifs. L'homme ne voyoit dans toute la nature qu'un foleil. Il ne connoiffoit dans l'univers qu'un Etre fuprême : il vit donc par-là qu'il manquoit quelque chofe à fa légiflation, que fa fociété n'étoit point parfaite, en un mot, qu'il lui falloit un Roi qui fût le pere & le centre de cette grande famille, & le protecteur & l'organe des loix.

Ce furent là les avis, les confeils & les exemples que la raifon, le fpectacle de la nature, & la religion donnerent unanimement à l'homme dès les premiers temps; mais il les éluda plutôt qu'il ne les fuivît. Au-lieu de fe choifir un Roi parmi fes femblables, avec lequel la fociété auroit fait le même contrat que chaque particulier avoit ci-devant fait avec elle, l'homme proclama le Roi de l'âge d'or, c'eft-à-dire l'Etre Suprême. Il continua à le regarder comme fon Monarque; & le couronnant dans les formes, il ne voulut point qu'il y eût fur la terre, comme dans le ciel, d'autre Maître, ni d'autre Souverain.

On ne s'eft pas attendu fans doute à voir de fi près la chûte & l'oubli des fentimens que nous nous fommes plu à mettre dans l'efprit humain, au moment où les sociétés songeoient à repréfenter leur unité par un Monarque. Si nous les avons fait ainfi penfer, c'eft que ces premiers fentiments, vrais & pleins de fimplicité, font dignes de ces âges primitifs, & que la conduite furnaturelle de ces fociétés femble nous indiquer qu'elles ont été furprifes & trompées dans ce fatal moment. Peut-être quelques-uns foupçonneront-ils que l'amour de l'indépendance a été le mobile de cette marche, & que l'homme, en refufant de fe donner un Roi vifible pour en reconnoître un qu'il ne pouvoit voir, a eu un deffein tacite de n'en admettre aucun. Ce feroit rendre bien peu de juftice à l'homme en général, & en particulier à l'homme échappé des malheurs du monde, qui a été porté plus que tous les autres à faire le facrifice de fa liberté & de toutes fes paffions. S'il fit donc, en fe donnant un Roi, une fi finguliere application des leçons qu'il recevoit de fa raifon & de la nature entiere, c'eft qu'il n'avoit pas encore épuré fa religion comme fa police civile & domeftique, & qu'il ne l'avoit pas dégagée de la fuperftition, cette fille de la crainte & de la terreur, qui abforbe la raifon, & qui prenant la place & la figure de la religion, l'anéantit elle-même pour livrer l'humanité à la fraude & à l'impofture. L'homme alors en fut cruellement la dupe; elle feule préfida à l'élection du Dieu Monarque, & ce fut la premiere époque & la fource de tous les maux du genre humain.

Comme nous avons dit ci-devant que les premieres familles n'eurent point d'autre Roi que le Dieu qu'elles invoquoient, & comme c'eft le même ufage qui s'étant confacré avec le temps porta les nations multipliées à métamorphofer ce culte religieux en un gouvernement politique, il importe ici de faire connoître quels ont été les préjugés que les premieres familles joignirent à leur culte, parce que ce font ces mêmes préjugés qui pervertirent par la fuite la religion & la police de leur poftérité.

Parmi les impreffions qu'avoient fait fur l'homme l'ébranlement de la terre & les grands changements arrivés dans la nature, il avoit été particuliérement affecté de la crainte de la fin du monde. Il s'étoit imaginé que les jours de la juftice & de la vengeance étoient arrivés; il s'étoit attendu de voir dans peu le Juge fuprême venir demander compte à l'uni-

vers, & prononcer ces redoutables arrêts
que les méchants ont toujours craint, &
qui ont toujours fait l'efpérance & la
confolation des juftes. Enfin l'homme en
voyant le monde ébranlé & prefque détruit, n'avoit point douté que le regne du
ciel ne fût très-prochain, & que la vie
future, que la religion appelle par excellence le royaume de Dieu, ne fût prête
à paroître. Ce font là de ces dogmes qui
faififfent l'humanité dans toutes les révolutions de la nature, & qui ramenent au
même point l'homme de tous les temps.
Ils font fans doute facrés, religieux &
infiniment refpectables en eux-mêmes;
mais l'hiftoire de certains fiecles nous a
appris à quels faux principes ils ont quelquefois conduit des hommes foibles, lorfque ces dogmes ne leur ont été préfentés
qu'à la fuite des terreurs paniques & men-
fongeres.

Quoique les malheurs du monde dans
les premiers temps n'aient eu que trop
de réalité, ils conduifirent néanmoins
l'homme aux abus des fauffes terreurs,
parce qu'il y a toujours autant de différence entre quelque changement dans le
monde, & fa fin abfolue dont Dieu feul
fait le moment, qu'il y en a entre un

fimple renouvellement & une création toute miraculeufe. Nous conviendrons cependant que dans ces anciennes époques où l'homme fe porta à abufer de ces dogmes univerfels, qu'il fut bien plus excufable que dans ces fiecles poftérieurs, où la fuperftition n'eut d'autre fource que de faux calculs & de faux oracles, que l'état même de la nature contredifoit. Ce fut cette nature elle-même, & tout l'univers aux abois, qui féduifirent les fiecles primitifs. L'homme auroit-il pu s'empêcher, à l'afpect de tous les formidables phénomênes d'une diffolution totale, de ne pas fe frapper de ces dogmes religieux dont il ne voyoit pas, il eft vrai, la fin précife, mais dont il croyoit évidemment reconnoître tous les fignes & toutes les approches? Ses yeux & fa raifon fembloient l'en avertir à chaque inftant, & juftifier fes terreurs. Ses maux & fes miferes, qui étoient à leur comble, ne lui laiffoient pas la force d'en douter; les confolations de la religion étoient feules fon efpoir. Il s'y livra fans referve; il attendit avec réfignation le jour fatal; il s'y prépara, & le defira même, tant étoit alors déplorable fon état fur la terre.

L'arrivée du grand Juge & du Royau-

me du ciel avoient donc été, dans ces
triftes circonftances, les feuls points de
vue que l'homme avoit confidérés avec
une fainte avidité : il s'en étoit entretenu
perpétuellement pendant les fermentations
de fon féjour ; & ces dogmes avoient fait
fur lui de fi profondes impreffions, que la
nature, qui ne fe rétablit fans doute que
peu-à-peu, l'étoit tout-à-fait, lorfque
l'homme attendoit encore pendant les
premieres générations. Ces difpofitions
de l'efprit humain ne fervirent qu'à per-
fectionner d'autant fa morale , & firent
l'héroïfme & la fainteté de l'âge d'or.
Chaque famille pénétrée de ces dogmes
ne repréfentoit qu'une communauté religieufe, qui dirigeoit toutes fes démarches
fur le célefte avenir , & qui ne comptant
plus fur la durée du monde, vivoit en
attendant les événements fous les feuls
liens de la religion. Les fiecles inatten-
dus, qui fuccéderent à ceux qu'on avoit
cru les derniers, auroient dû, ce femble,
détromper l'homme de ce qu'il y avoit
de faux dans ces principes ; mais l'efpérance fe rebute-t-elle ? La bonne foi &
la fimplicité avoient établi ces principes
dans les premiers âges ; le préjugé & la
coutume les perpétuerent dans les fui-

vants; & ils animoient encore les sociétés agrandies & multipliées, lorsqu'elles commencerent à donner une forme réglée à leur administration civile & politique. Préoccupés du ciel, elles oublierent dans cet instant qu'elles étoient encore sur la terre; & au-lieu de donner à leur état un lien fixe & naturel, elles persisterent dans un Gouvernement, qui n'étant que provisoire & surnaturel, ne pouvoit convenir aux sociétés politiques, ainsi qu'il avoit convenu aux sociétés mystiques & religieuses. Elles s'imaginerent sans doute par cette sublime spéculation prévenir leur gloire & leur bonheur, jouir du ciel sur la terre, & anticiper sur le céleste avenir. Néanmoins ce fut cette spéculation qui fut le germe de toutes leurs erreurs & de tous les maux où le genre humain fut ensuite plongé.

Le Dieu Monarque ne fut pas plutôt élu, qu'on appliqua les principes du regne d'en-haut au regne d'ici-bas; & ces principes se trouverent faux, parce qu'ils étoient déplacés. Ce Gouvernement n'étoit qu'une fiction qu'il fallut nécessairement soutenir par une multitude de suppositions & d'usages conventionnels; & ces suppositions ayant été ensuite prises

à la lettre, il en réfulta une foule de préjugés religieux & politiques, une infinité d'ufages bizarres & déraifonnables,
& des fables fans nombre, qui précipi-
terent à la fin dans le cahos le plus obfcur, la religion, la police primitive, &
l'hiftoire du genre humain. C'eft ainfi que
les premieres nations, après avoir puifé
dans le bon fens & dans leurs vrais befoins leurs loix domeftiques & économi-
ques, les foumirent toutes à un Gouvernement idéal, que l'hiftoire fait peu
connoître, mais que la mythologie, qui
a recueilli les ombres des premiers temps,
nous a tranfmis fous le nom du regne
des Dieux; c'eft-à-dire dans notre langage, le regne de Dieu, & en un feul
mot, théocratie.

Les Hiftoriens ayant méprifé, & prefque toujours avec raifon, les fables de
l'antiquité, la théocratie primitive eft un
des âges du monde les plus fufpects; &
fi nous n'avions ici d'autres autorités que
celles de la mythologie, tout ce que nous
pourrions dire fur cet antique Gouvernement, paroîtroit encore fans vraifemblance
aux yeux du plus grand nombre. Peut-
être aurions-nous les fuffrages de quelques-uns de ceux dont le génie foutenu

de connoiſſances, eſt ſeul capable de ſaiſir l'enſemble de toutes les erreurs humaines, d'appercevoir la preuve d'un fait ignoré dans le crédit d'une erreur univerſelle, & de remonter enſuite de cette erreur aux vérités ou aux événements qui l'ont fait naître par la combinaiſon réfléchie de tous les différents aſpects de cette même erreur. Mais les bornes de notre carriere ne nous permettant pas d'employer les matériaux que peut nous fournir la my-thologie, nous n'entreprendrons point ici de réédifier les annales théocratiques, nous ferons ſeulement remarquer, que ſi l'univerſalité & ſi l'uniformité d'une erreur ſont capables de faire entrevoir aux eſ-prits les plus intelligents quelques prin-cipes de vérité, où tant d'autres ne voient cependant que les effets du caprice & de l'imagination des anciens Poëtes, on ne doit pas totalement rejetter les tradi-tions qui concernent le regne des Dieux, puiſqu'elles ſont univerſelles, & qu'on les retrouve chez toutes les nations qui leur font ſuccéder les demi-dieux, & enſuite les Rois, en diſtinguant ces trois regnes comme trois Gouvernements différ-ents. Egyptiens, Chaldéens, Perſes, In-diens, Chinois, Japonois, Grecs, Ro-

mains, & jufqu'aux Américains même,
tous ces peuples ont également confervé
le fouvenir ténébreux d'un temps où les
Dieux font defcendus fur la terre, pour
raffembler les hommes, pour les gouverner, & pour les rendre heureux, en leur
donnant des loix, & en leur apprenant
les arts utiles. Chez tous ces peuples les
circonftances particulieres de la defcente
de ces Dieux font les miferes & les calamités du monde. L'un eft venu, difent
les Indiens, pour foutenir la terre ébran-
lée ; celui-là pour la retirer de deffous les
eaux, un autre pour fecourir le foleil,
pour faire la guerre au dragon, & pour
exterminer des monftres. Nous ne rap-
pellerons pas les guerres, les victoires
des Dieux Egyptiens & Grecs fur les
Typhon, les Python, les Géants & les
Titans. Toutes les grandes folemnités du
paganifme en célébroient la mémoire.
Vers tel climat que l'on tourne les yeux,
on y retrouve de même cette conftante
& finguliere tradition d'un âge théocratique ; & l'on doit remarquer qu'indépendamment de l'uniformité de ces préjugés, qui décrete un fait tel qu'il puiffe
être, ce regne furnaturel eft toujours dé-
figné, comme ayant été voifin des an-

ciennes révolutions, puifqu'en tous lieux le regne des Dieux y eft orné & rempli d'anecdotes littérales & allégoriques de la ruine ou du rétabliffement du monde. Voici, je crois, une des plus grandes autorités qu'on puiffe trouver fur un fujet fi obfcur.

Si les hommes ont été heureux dans les premiers temps, dit Platon, (4e. liv. des loix;) s'ils ont été heureux & juftes; c'eft qu'ils n'étoient point alors gouvernés comme nous le fommes aujourd'hui, mais de la même maniere que nous gouvernons nos troupeaux. Car, comme nous n'établiffons pas des taureaux fur des taureaux, ni une chevre fur des troupeaux de chevres, mais que nous les mettons fous la conduite d'un homme qui en eft le berger ; de même Dieu qui aime les hommes, avoit mis nos ancêtres fous la conduite des Efprits & des Anges.

Ou je me trompe, ou voilà ce Gouvernement furnaturel qui a donné lieu aux traditions de l'âge d'or & du regne des Dieux. Platon a été amené à cette tradition par une route affez femblable à celle que je fuis. Il dit ailleurs qu'après le déluge, les hommes vécurent fous trois états fucceffifs; le premier, fur les montagnes, errants & ifolés les uns des autres; le fecond, en familles dans les vallées voifines avec un peu moins de terreur que dans le premier état; & le troifieme, en fociétés, reunies dans les plaines, & vivant fous des loix. Au refte, fi ce Gouvernement eft devenu fi généralement obfcur & fabuleux, on ne peut en accufer que lui-même. Quoique formé fous les aufpices de la religion, fes principes furnaturels le conduifirent à tant d'excès & à tant d'abus, qu'il fe défigura infenfiblement, & fut enfin méconnu. Peut-être cependant l'hiftoire qui l'a rejetté l'a-t-il admis en partie dans fes faftes fous le nom de regne facerdotal. Ce regne n'a été dans fon temps qu'une fuite du premier, & l'on ne peut nier que cette adminiftration n'ait été trouvée chez diverfes nations fort hiftoriques.

Pour fuppléer à ce grand vuide des annales du monde par une autre voie que la mythologie, nous avons réfléchi fur l'étiquette & fur les ufages qui ont dû être propres à ce genre de Gouvernement; & après nous en être fait un plan & un tableau, nous avons encore cherché à les comparer avec les ufages politiques & religieux des nations. Tantôt nous avons fuivi l'ordre des fiecles, & tantôt nous les avons retrogradés, afin d'éclaircir l'ancien par le moderne, comme on éclaircit le moderne par l'ancien : telle a été notre méthode pour trouver l'inconnu par le connu. On jugera de fa juftefle ou de fon inexactitude par quelques exemples, & par le réfultat dont voici l'analyfe.

Ce Gouvernement furnaturel ayant obligé les nations à recourir à une multitude d'ufages & de fuppofitions pour en foutenir l'extérieur, un de leurs premiers foins fut de repréfenter au milieu d'elles la maifon de leur Monarque, de lui élever un trône, & de lui donner des Officiers & des Miniftres. Confidérée comme un palais civil, cette maifon étoit fans doute de trop fur la terre ; mais enfuite confidérée comme un temple, elle ne put fuffire au culte public de toute une nation. D'abord on voulut que cette maifon fût feule & unique, parce que le Dieu Monarque étoit feul & unique, mais toutes les différentes portions de la fociété ne pouvant s'y rendre auffi fouvent que le culte journalier qui eft dû à la Divinité, l'exige, les parties les plus éloignées de la société tomberent dans une anarchie religieuse & politique, ou se rendirent rebelles & coupables en multipliant le Dieu Monarque avec les maisons qu'elles voulurent aussi lui élever. Peu-à-peu les idées qu'on devoit avoir de la Divinité, se retrécirent. Au-lieu de regarder ces temples comme des lieux d'assemblée & de prieres publiques, infiniment respectables par cette destination, les hommes y chercherent le maître qu'ils ne pouvoient y voir, & lui donnerent à la fin une figure & une forme sensible. Le signe de l'autorité & le sceptre de l'Empire ne furent point mis en des mains particulieres : on les déposa dans cette maison, & sur le siege du céleste Monarque ; c'est-à-dire dans un temple & dans le lieu le plus respectable de ce temple, c'est-à-dire dans le sanctuaire. Le sceptre & les autres marques de l'autorité royale n'ont été dans les premiers temps que des bâtons & des rameaux, les temples que des cabanes, & le sanctuaire qu'une corbeille & qu'un coffret. C'est ce qui se retrouve dans toute l'antiquité ; mais par l'abus de ces usages, la religion absorba la police, & le regne du ciel lui donna le regne de la terre ; ce qui pervertit

vertit l'un & l'autre. Le code des loix civiles & religieufes ne fut point mis non plus entre les mains du Magiftrat : on le dépofa dans ce fanctuaire ; & ce fut à ce lieu facré qu'il fallut avoir recours pour connoître ces loix, & pour s'inftruire de fes devoirs. Là, elles s'y enfevelirent ; avec le temps le genre humain les oublia, peut-être même les lui fit-on oublier dans ces fêtes qui portoient chez les Anciens le nom de fêtes de la légiflation comme les Pafilies & les Thefmopharies : les plus faintes vérités n'étoient plus communiquées que fous le fecret à quelques initiés, & l'on y faifoit au peuple un myftere de ce qu'il y avoit de plus fimple dans la police, & de ce qu'il y avoit de plus utile & de plus vrai dans la religion.

La nature de la théocratie primitive exigeant néceffairement que le dépôt des loix, gardé dans le fanctuaire, parût émané de Dieu même, & qu'on fût obligé de croire qu'il avoit été le Légiflateur des hommes comme il en étoit le Monarque, le temps & l'ignorance donnerent lieu aux Miniftres du paganifme d'imaginer que des Dieux & des Déeffes les avoient révélées aux anciens Légiflateurs , tandis que les seuls besoins & la seule raison publique des premieres sociétés en avoient été les uniques & les véritables sources. Par ces affreux mensonges, ils ravirent à l'homme l'honneur de ces loix si belles & si simples qu'il avoit faites primitivement ; & ils affoiblirent tellement les ressorts & la dignité de sa raison, en lui faisant faussement accroire qu'elle n'avoit point été capable de les dicter, qu'il la méprisa, & qu'il crut rendre hommage à la Divinité, en ne se servant plus d'un don qu'il n'avoit reçu d'elle que pour en faire un constant usage.

Le Dieu Monarque de la société ne pouvant lui parler ni lui commander d'une façon directe, on se mit dans la nécessité d'imaginer des moyens pour connoître ses ordres & ses volontés. Une absurde convention établit donc des signes dans le ciel & sur la terre, qu'il fallut regarder, & qu'on regarda en effet comme les interpretes du Monarque. On inventa les oracles, & chaque nation eut les siens. On vit paroître une foule d'augures de devins & d'aruspices. En police comme en religion, l'homme ne consulta plus la raison, mais il crut que sa conduite, ses entreprises, & toutes ses démarches devoient avoir pour guide un ordre ou un avis de son Prince invisible ; & comme la fraude & l'imposture les dicterent aux nations aveuglées, elles en furent toutes les dupes, les esclaves & les victimes.

De semblables abus sortirent aussi des tributs qu'on crut devoir lui payer. Dans les premiers temps, où la religion ni la police n'étoient pas encore corrompues par leur faux appareil, les sociétés n'eurent d'autres charges & d'autres tributs à porter à l'Etre Suprême, que les prémices des biens de la terre ; encore n'étoit-ce qu'un hommage de reconnoissance, & non un tribut civil dont le souverain Dispensateur de tout n'a pas besoin. Il n'en fut plus de même lorsque d'un être universel chaque nation en eut fait son Roi particulier. Il fallut lui donner une maison, un trône, des officiers, & enfin des revenus pour les entretenir. Le peuple porta donc chez lui la dîme de ses biens, de ses terres & de ses troupeaux. Il savoit qu'il tenoit tout de son divin Roi, que l'on juge de la ferveur avec laquelle chacun vint offrir ce qui pouvoit contribuer à l'état & à la magnificence de son Monarque. La piété généreuse ne connut point de bornes : on en vint

jufqu'à s'offrir foi·même , fa famille &
fes enfants. On crut pouvoir , fans fe
déshonorer , fe reconnoître efclave du
Souverain de toute la nature, & l'homme
ne fe rendit que le fujet & l'efclave du
Souverain théocratique.

A mefure que la fimplicité religieufe
s'éteignit, la fuperftition augmenta avec
l'ignorance ; il fallut par gradation ren-
chérir fur les anciennes offrandes, & en
chercher de nouvelles. Après les fruits
on offrit les animaux ; & lorfqu'on fe fut
familiarifé par ce dernier ufage avec cette
cruelle idée que la Divinité aime le fang,
il n'y eut plus qu'un pas à faire pour
égorger des hommes, afin de lui offrir le
fang le plus cher & le plus précieux qui
foit fans doute à fes yeux ; le fanatifme
antique n'ayant pu s'élever à un plus haut
période, égorgea donc des victimes humaines. Il en préfenta les membres pal-
pitants à la Divinité , comme une offrande qui lui étoit agréable. Bien plus,
l'homme en mangea lui-même ; & après
avoir ci-devant éteint fa raifon, il dompta
enfin la nature pour participer aux fef-
tins des Dieux.

Il n'eft pas néceffaire de faire une longue application de ces ufages à ceux de

toutes les nations païennes & sauvages qui les ont pratiqués. Chez toutes les sacrifices sanglants n'ont eu primitivement pour objet que de couvrir la table du Roi théocratique, comme nous couvrons la table de nos Monarques. Les Prêtres de Belus faisoient accroire au peuple que leur Divinité mangeoit elle-même les viandes qu'on lui présentoit sur ses autels ; & les Grecs & les Romains ne manquoient jamais dans les temps de calamités, d'assembler, dans la place publique, leurs Dieux & leurs Déesses autour d'une table magnifiquement servie, pour en obtenir, par un festin extraordinaire, les graces qui n'avoient pu être accordées aux repas réglés du soir & du matin, c'est-à-dire, aux sacrifices journaliers & ordinaires. C'est ainsi qu'un usage originairement établi, pour soutenir dans tous ses points le cérémonial figuré d'un Gouvernement surnaturel, fut pris à la lettre, & que la Divinité se trouvant en tout traitée comme une créature mortelle, fut avilie & perdue de vue.

L'autropophagie qui a régné, & qui regne encore dans une moitié du monde, ne peut avoir non plus une autre source que celle que nous avons fait entrevoir.

Ce n'eſt pas la nature qui a conduit tant de nations à cet abominable excès; mais égarées & perdues par le ſurnaturel de ces principes, c'eſt pas à pas & par dégré qu'un culte inſenſé & cruel a perverti le cœur humain. Il n'eſt devenu antropophage qu'à l'exemple & ſur le modele d'une Divinité qu'il a cru antropophage.

Si l'humanité ſe perdit, à plus forte raiſon les mœurs furent-elles auſſi altérées & flétries. La corruption de l'homme théocratique donna des femmes au Dieu Monarque; & comme tout ce qu'il y avoit de meilleur lui étoit dû, la virginité même fut obligée de leur faire ſon offrande. Delà les proſtitutions religieuſes de Babylone & de Pahos; delà ces honteux devoirs du paganiſme qui contraignoient les filles à ſe livrer à quelques divinités avant que de pouvoir entrer dans le mariage; delà enfin tous ces enfants des Dieux qui ont peuplé la mythologie & le ciel poétique.

Nous ne ſuivrons pas plus loin l'étiquette & le cérémonial de la Cour du Dieu Monarque : chaque uſage fut un abus, chaque abus en produiſit mille autres. Conſidéré comme un Roi, on lui donna des chevaux, des chars, des boucliers, des armes, des meubles, des terres, des troupeaux, & un domaine qui devint avec le temps le patrimoine des Dieux du paganiſme. Conſidéré comme un homme, on le fit ſéducteur, colere, emporté, jaloux, vindicatif, & barbare. Enfin on en fit l'exemple & le modele de toutes les iniquités dont nous trouvons les affreuſes légendes dans la théogonie païenne.

Le plus grand crime de la théocratie primitive, a ſans doute été d'avoir précipité le genre humain dans l'idolâtrie par le ſurnaturel de ſes principes. Il eſt ſi difficile à l'homme de concevoir un être auſſi grand, auſſi immenſe, & cependant inviſible, tel que l'Etre Suprême, ſans s'aider de quelques moyens ſenſibles, qu'il a fallu preſque néceſſairement que ce gouvernement en vînt à ſa repréſentation. Il étoit alors bien plus ſouvent queſtion de l'Etre Suprême, qu'il n'eſt aujourd'hui. Indépendamment de ſon nom & de ſa qualité de Dieu, il étoit Roi encore : tous les actes de la police, comme tous les actes de la religion, ne parloient que de lui ; on trouvoit ſes ordres & ſes arrêts par-tout, on ſuivoit ſes loix, on

C iv

lui payoit tribut, on voyoit fes officiers, fon palais & prefque fa place; elle fut donc bientôt remplie.

Les uns y mirent une pierre brute, les autres une pierre fculptée; ceux-ci l'image du foleil, ceux-là de la lune; plufieurs nations y expoferent un bœuf, une chevre, ou un chat comme les Egyptiens. En Ethiopie, c'étoit un chien; & ces fignes repréfentatifs du Monarque furent chargés de tous les attributs fymboliques d'un Dieu & d'un Roi. Ils furent décorés de tous les titres fublimes qui convenoient à celui dont on fit les emblêmes; & ce fut devant eux qu'on porta les prieres & les offrandes, qu'on exerça tous les actes de la police & de la religion, & que l'on remplit enfin tout le cérémonial théocratique. On croit déja fans doute que c'eft là l'idolâtrie; non, ce ne l'eft pas encore, c'en eft feulement la porte fatale.

Nous rejettons ce fentiment affreux, que les hommes ont été naturellement idolâtres, ou qu'ils le font devenus de plein gré & de deffein prémédité. Jamais les hommes n'ont oublié la divinité; jamais dans leurs égarements les plus groffiers, ils n'ont tout-à-fait méconnu fon

excellence & son unité ; & nous oserions
même penser en leur faveur qu'il y a
·moins eu une idolâtrie réelle sur la terre,
qu'une profonde & générale superstition.
Ce n'est point non plus par un saut ra-
pide que les hommes ont passé de l'ado-
.ration du Créateur à l'adoration de la
créature ; ils sont devenus idolâtres sans
le savoir, & sans vouloir l'être, comme
nous verrons ci-après qu'ils sont devenus
esclaves sans avoir jamais eu l'envie de
se mettre dans l'esclavage. La religion
primitive s'est corrompue, & l'amour de
l'unité s'est obscurcie par l'idée du passé,
& par les suppositions qu'il a fallu faire
dans un Gouvernement surnaturel, qui
confondit toutes les idées en confondant
la police avec la religion. Nous devons
penser que dans les premiers temps où
chaque nation se rendit son Dieu Monarque sensible, qu'on se comporta encore vis-à-vis de ses emblêmes avec une
circonspection religieuse & intelligente.
C'étoit moins Dieu qu'on avoit voulu re-
présenter que le Monarque ; & c'est ainsi
que dans nos tribunaux, nos Magistrats
ont toujours devant eux l'image de leur
Souverain, qui rappelle à chaque instant,
par sa ressemblance & par les ornements

de la royauté, le véritable ſouverain qu'on n'y voit pas, mais que l'on ſait exiſter ailleurs. Ce tableau qui ne peut nous tromper, n'eſt pour nous qu'un objet relatif & commémoratif, & telle avoit été ſans doute l'intention primitive de tous les ſymboles repréſentatifs de la divinité. Si nos Peres ſe tromperent cependant, c'eſt qu'il ne leur fut pas auſſi facile de peindre cette divinité, qu'à nous de peindre un mortel. Quel rapport en effet put-il y avoir entre le Dieu régnant & toutes les différentes effigies que l'on en fit? ce ne peut être qu'un rapport imaginaire & de pure convention, toujours prêt par conſéquent à dégrader le Dieu & le Monarque, ſitôt qu'on n'y joindroit plus une inſtruction convenable. On les donna ſans doute ces inſtructions dans les premiers temps; mais par-là le culte & la police, de ſimples qu'ils étoient, devinrent compoſés & allégoriques. Par-là l'officier théocratique vit accroître le beſoin & la néceſſité que l'on eut de ſon état; & comme il devint ignorant lui-même, les conventions primitives ſe changerent en myſteres, & la religion dégénéra en une ſcience merveilleuſe & bizarre, dont le ſecret devint impénétrable d'âge en âge, & dont l'objet se perdit à la fin dans un labyrinthe de graves puérilités & d'importantes bagatelles.

Si toutes les différentes sociétés eussent au moins pris pour signes de la divinité régnante un seul & même symbole, l'unité du culte, quoique dégénéré, auroit encore pu se conserver sur la terre; mais, ainsi que tout le monde sait, les uns prirent une chose, & les autres une autre. L'Etre Suprême, sous mille formes différentes, fut adoré par-tout, sans n'être plus le même aux yeux de l'homme grossier; chaque nation s'habitua à considérer le symbole qu'elle avoit choisi comme le plus véritable & le plus saint.

L'unité fut donc rompue; la religion générale étant éteinte ou méconnue, une superstition générale en prit la place, & dans chaque contrée, elle eut son étendard particulier. Chacun regardant son Dieu & son Roi comme le seul & le véritable, détesta le Dieu & le Roi des autres nations; elles furent réputées étrangeres, on se sépara d'elles, on ferma ses frontieres, & les hommes devinrent ainsi par naissance, par état, & par religion, ennemis déclarés les uns des autres. *Inde furor vulgo, quod numina vicinorum odit uterque locus, cum folos credat habendos effe Deos quos ipfe colit.* Juv. §. 15. ⅄. 36.

Tel étoit l'état déplorable où les abus funeftes de la théocratie primitive avoient déja précipité la religion de tout le genre humain, lorfque Dieu, pour conferver chez les hommes le fouvenir de fon unité, fe choifit enfin un peuple particulier, & donna aux Hébreux un Légiflateur fage & inftruit pour réformer la théocratie païenne des nations. Pour y parvenir, ce grand homme n'eut qu'à la dépouiller de tout ce que l'impofture & l'ignorance y avoit introduit. Moïfe détruifit donc tous les emblêmes idolâtres qu'on avoit élevé au Dieu Monarque, & il fupprima les augures, les devins, & tous les faux interpretes de la Divinité; défendit expreffément à fon peuple de jamais la repréfenter par aucune figure de pierre ou de fonte, ni par aucune image de peinture ou de cifelure. Ce fut cette derniere loi qui diftingua effentiellement les Hébreux de tous les peuples du monde. Tant qu'ils l'obferverent, ils furent vraiment fages & religieux; & toutes les fois qu'ils la tranfgrefferent, ils fe mirent au niveau des autres nations. Mais telle étoit encore dans ces anciens temps la force des préjugés, & l'excès de la grossiéreté des hommes, que ce précepte, qui nous semble aujourd'hui si simple & si conforme à la raison, fut pour les Hébreux d'une observance pénible & difficile. Delà leurs fréquentes rechûtes dans l'idolâtrie, & ces perpétuels retours vers les images des nations, qu'on n'a pu expliquer jusqu'ici que par une dureté de cœur & un entêtement inconcevable, dont on doit actuellement retrouver la source & les motifs dans les anciens préjugés & dans les usages de la théocratie primitive.

Après avoir parcouru la partie religieuse de cet antique Gouvernement, jusqu'à l'idolâtrie qu'il a produit, & jusquà sa réforme chez les Hébreux, jettons aussi quelques regards sur sa partie civile & politique, dont le vice s'est déja fait entrevoir. Tel grand & tel sublime qu'ait paru dans son temps un Gouvernement qui prenoit le ciel pour modele & pour objet, un édifice politique construit icibas sur une telle spéculation, a dû nécessairement s'écrouler, & produire de trèsgrands maux. Entre cette foule de fausses opinions dont cette théocratie remplit l'esprit humain, il s'en éleva deux fort opposées l'une à l'autre, & toutes deux cependant également contraires au bonheur des sociétés. Le tableau qu'on se fit de la félicité du regne céleste, fit naître sur la terre de fausses idées sur la liberté, sur l'égalité, & sur l'indépendance. D'un autre côté, l'aspect du Dieu Monarque si grand & si immense, réduisit l'homme presqu'au néant, & le porta à se mépriser lui-même, & à s'avilir volontairement. Par ces deux extrêmes, l'esprit d'humanité & de raison, qui devoit faire le lien des sociétés, se perdit nécessairement dans une moitié du monde; on voulut être plus qu'on ne pouvoit & qu'on ne devoit être sur la terre : & dans l'autre on se dégrada audessous de son état naturel; enfin on ne vit plus l'homme, mais on vit insensiblement paroître le sauvage & l'esclave.

Le point de vue du genre humain avoit été cependant de se rendre heureux par la théocratie, & nous ne pouvons qu'il n'y ait réussi au moins pendant un temps. Le regne des Dieux a été célébré par les Poëtes, ainsi que l'âge d'or, comme un regne de félicité & de liberté. Chacun étoit libre dans Israël,

dit auſſi l'Ecriture en parlant des commencements de la théocratie moſaïque ;
chacun faiſoit ce qui lui plaiſoit, alloit
où il vouloit, & vivoit alors dans l'indépendance : *Unuſquiſque quod ſibi rec-
tum videbatur hoc faciebat.* Jud. 17. 6.
Ces heureux temps, où l'on doit appercevoir néanmoins le germe des abus fu-
turs, n'ont pu exiſter que dans les abords
de cet âge myſtique, lorſque l'homme
étoit encore dans la ferveur de ſa morale, & dans l'héroïſme de ſa théocratie ;
& ſa félicité, auſſi-bien que ſa juſtice, ont
dû être paſſageres, parce que la ferveur
& l'héroïſme, qui ſeuls pouvoient ſoute-
nir le ſurnaturel de ce Gouvernement,
ſont des vertus momentanées, & des
ſaillies religieuſes, qui n'ont jamais de
durée ſur la terre. La véritable & la ſo-
lide théocratie n'eſt réſervée que pour
le ciel ; c'eſt là que l'homme un jour
ſera ſans paſſions comme la Divinité :
mais il n'en eſt pas de même ici-bas
d'une théocratie terreſte, où le peuple
ne peut qu'abuſer de ſa liberté ſous un
Gouvernement proviſoir, & ſans conſiſ-
tance, & où ceux qui commandent ne
peuvent qu'abuſer du pouvoir illimité
d'un Dieu Monarque, qu'il n'eſt que

trop facile de faire parler. Il eſt donc ainſi très-vraiſemblable que c'eſt par ces deux excès que la police théocratique s'eſt autrefois perdue ; par l'un, tout l'ancien occident a changé ſa liberté en brigandage, & en une vie vagabonde ; & par l'autre, tout l'orient s'eſt vu opprimé par des tyrans.

L'état ſauvage des premiers Européens connus, & de tous les peuples de l'Amérique, préſente des ombres & des veſtiges encore ſi conformes à quelques-uns des traits de l'âge d'or, qu'on ne doit point être ſurpris ſi nous avons été portés à chercher l'origine de cet état d'une grande partie du genre humain dans les ſuites des malheurs du monde & dans l'abus de ces préjugés théocratiques, qui ont répandu tant d'erreurs par toute la terre. En effet, plus nous avons approfondi les différentes traditions & les uſages des peuples ſauvages, plus nous y avons trouvé d'objets iſſus des ſources primitives de la fable, & des coutumes relatives aux préventions univerſelles de la haute antiquité. Nous nous ſommes même apperçus quelquefois, que ces veſtiges étoient plus purs & mieux motivés chez les Américains & autres peuples

ples barbares & sauvages comme eux, que chez toutes les autres nations de notre hémisphere. Ce seroit entrer dans un trop vaste détail que de parler de ces usages ; nous dirons seulement que la vie sauvage n'a été essentiellement qu'une suite de l'impression qu'avoit fait autrefois sur une partie des hommes le spectacle des malheurs du monde, qui les en dégoûta, & leur en inspira le mépris. Ayant appris alors quelle en étoit l'inconstance & la fragilité, la partie religieuse des premieres sociétés crut devoir prendre pour base de sa conduite ici-bas, que ce monde n'est qu'un passage. D'où il arriva que les sociétés en général ne s'étant point donné un lien visible, ni un chef sensible pour leur Gouvernement dans ce monde, elles ne se réunirent jamais parfaitement, & que des familles s'en séparerent de bonne heure, & renoncerent tout-à-fait à l'esprit de la police humaine pour vivre en pélerins, & pour ne penser qu'à cet avenir qu'elles desiroient, & qu'elles s'attendoient de voir bientôt paroître.

D'abord ces premieres générations solitaires furent aussi religieuses qu'elles étoient misérables. Ayant toujours les yeux levés vers le ciel, & ne cherchant à pourvoir qu'à leurs plus preſſants beſoins, elles n'abuſerent point ſans doute de leur oiſiveté ni de leur liberté ; mais à meſure qu'en ſe multipliant elles s'éloignerent des premiers temps & du gros de la ſociété, elles ne formerent plus alors que des peuplades errantes & des nations mélancoliques, qui peu-à-peu ſe ſéculariſerent en peuples ſauvages & barbares : tel a été le triſte abus d'un dogme très-ſaint en lui-même. Le monde n'eſt qu'un paſſage, il eſt vrai, & c'eſt une vérité des plus utiles à la ſociété, parce que ce paſſage conduit à une vie plus excellente, que chacun doit chercher à mériter en rempliſſant ici-bas ſes devoirs. Cependant une des plus grandes fautes de la police primitive, eſt de n'avoir pas mis de ſages bornes à ſes effets. Ils ont été infiniment pernicieux au bien-être des ſociétés, toutes les fois que des événements ou des terreurs générales ont fait ſubitement oublier à l'homme qu'il eſt dans ce monde, parce que Dieu l'y a placé, & qu'il n'y eſt placé que pour s'acquitter envers la ſociété & envers lui-même, de tous les devoirs où ſa naiſſance & le nom d'homme l'engagent : jamais en contemplant cette vérité on n'a dû faire abstraction de la société. Le dogme le plus saint n'est vrai que relativement à tout le genre humain; la vie n'est qu'un pélérinage, mais un pélerin n'est qu'un fainéant, & l'homme n'est pas fait pour l'être. Tant qu'il est sur la terre, il y a un centre unique & commun auquel il doit être invisiblement attaché, & dont il ne peut s'écarter sans être déserteur, & déserteur très-criminel, que la police humaine a droit de réclamer. C'est ainsi qu'auroit dû agir & penser la police primitive; mais l'esprit théocratique qui la conduisoit, pouvoit-il être capable de précautions à cet égard? Il voulut s'élever, & se précipita; il voulut anticiper sur le regne des justes, & n'engendra que des sauvages & des barbares; & l'humanité se perdit enfin, parce qu'on ne voulut plus être homme sur la terre. C'est ici sans doute qu'on peut s'appercevoir qu'il en est des erreurs humaines dans leur marche, comme des planetes dans leur cours; elles ont de même un orbite immense à parcourir, elles y sont vues sous diverses phases & sous différents aspects; & cependant elles sont toujours les mêmes, & reviennent constamment au point d'où elles font parties, pour recommencer une nouvelle révolution, toutes les fois que l'efprit humain fe croit réduit avec la nature dans ces cas extrêmes.

Le Gouvernement provifoir qui conduifit à la vie fauvage & vagabonde ceux qui fe féparerent des premieres fociétés, produifit un effet tout contraire fur ceux qui y refterent ; il les réduifit au plus dur efclavage. Comme les fociétés n'avoient été dans leur origine que des familles plutôt foumifes à une difcipline religieufe qu'à une police civile, & que l'excès de leur religion qui les avoit portés à fe donner Dieu pour Monarque, avoit exigé, avec le mépris du monde, le renoncement total de foi-même, & le facrifice de fa liberté, de fa raifon, & de toute propriété, il arriva néceffairement que ces familles s'étant agrandies & multipliées, & entretenues dans ces principes, leur fervitude religieufe fe trouva changée en une fervitude civile & politique, & qu'au-lieu d'être le fujet du Dieu Monarque, l'homme ne fut plus que l'efclave des Officiers qui commanderent en fon nom.

Les corbeilles, les coffres & les fym-

boles par lefquels on repréfentoit le fouverain, n'étoient rien ; mais les Miniftres qu'on lui donna, furent des hommes, & non des êtres céleftes incapables d'abufer d'une adminiftration qui
leur donnoit tout pouvoir. Comme il n'y
a point de traité, ni de convention à faire
avec un Dieu, la théocratie où il étoit
fenfé précéder, a donc été par fa nature, un Gouvernement defpotique dont
l'Etre Suprême étoit le Sultan invifible,
& dont les Miniftres théocratiques ont
été les Vifirs, c'eft-à-dire les defpotes
réels. De tous les vices politiques de la
théocratie, voilà quel a été le plus fatal
aux hommes, & celui qui a préparé les
voies au defpotifme oriental.

Sans doute que dans les premiers temps
les Miniftres vifibles ont été dignes, par
leur modération & par leur vertu, de
leur maître invifible. Par le bien qu'ils
auront d'abord fait aux hommes, ceuxci fe feront accoutumés à reconnoître en
eux le pouvoir divin; par la fageffe de
leurs premiers ordres, & par l'utilité de
leurs premiers confeils, on fe fera habitué à leur obéir, & l'on fe fera foumis
fans peine à leurs oracles. Peu-à-peu une
confiance extrême aura produit une cré-

dulité extrême, par laquelle l'homme prévenu que c'étoit Dieu qui parloit, que c'étoit un fouverain immuable qui vouloit, qui commandoit & qui menaçoit, aura cru ne pas devoir réfifter aux organes du ciel, lors même qu'ils ne faifoient plus que du mal. Arrivé par cette gradation au point de déraifon de méconnoître la dignité de la nature humaine, l'homme dans fa mifere n'a plus ofé lever les yeux vers le ciel, & encore moins fur les tyrans qui le faifoient parler. Fanatique en tout, il adora fon efclavage, & crut enfin devoir honorer fon Dieu & fon Monarque, par fon néant & fon indignité. Ces malheureux préjugés font encore la bafe de tous les fentiments & de toutes les difpofitions des orientaux envers leurs defpotes. Ils s'imaginent que ceux-ci ont de droit divin le pouvoir de faire le bien & le mal, & qu'ils ne doivent trouver rien d'impoffible dans l'exécution de leurs volontés. Si ces peuples fouffrent, s'ils font malheureux par les caprices féroces d'un barbare, ils adorent les vues d'une Providence impénétrable; ils reconnoiffent les droits & les titres de la tyrannie dans la force & dans la violence, & ne cherchent la folution des procédés illégitimes & cruels dont ils font les victimes, que dans des interprétations dévotes & myſtiques, ignorant que ces procédés n'ont point d'autre ſource que l'oubli de la raiſon & les abus d'un gouvernement ſurnaturel, qui s'eſt éternifé dans ces climats, quoique ſous un autre appareil.

Les théocraties étant ainſi devenues deſpotiques à l'abri des préjugés dont elles aveuglerent les nations, couvrirent la terre de tyrans. Leurs Miniſtres, pendant bien des ſiecles, furent les vrais & les ſeuls Souverains du monde; & rien ne leur réſiſtant, ils difpoferent des biens, de l'honneur & de la vie des hommes, comme ils avoient déja difpofé de leur raiſon & de leur eſprit. Les temps qui nous ont dérobé l'hiſtoire de cet ancien Gouvernement, parce qu'il n'a été qu'un âge d'ignorance profonde & de menſonges, ont, à la vérité, jetté un voile épais ſur les excès de ces Officiers; mais la théocratie judaïque, quoique réformée dans ſa religion, n'ayant pas été exempte des abus politiques, peut ſervir à en dévoiler une partie. L'Ecriture nous expoſe elle-même quelle a été l'abominable conduite des enfants d'Héli & de Samuël, &

nous apprend quels ont été les crimes, qui ont mis fin à cette théocratie particuliere où regnoit le vrai Dieu. Ces indignes deſcendants d'Aaron & de Lévi ne rendoient plus la juſtice au peuple. L'argent rachetoit auprès d'eux les coupables : on ne pouvoit les aborder ſans préſents ; leurs paſſions ſeules étoient leur loi & leur guide ; leur vie n'étoit qu'un brigandage ; ils enlevoient de force & dévoroient les victimes qu'on deſtinoit au Dieu Monarque, qui n'étoit plus qu'un prête-nom ; & leur incontinence égalant leur avarice & leur voracité, ils dormoient, dit la Bible, avec les femmes qui veilloient à l'entrée du tabernacle. (Reg. l. 1. c. 2. ỳ. 22.)

L'Ecriture paſſe modeſtement ſur cette anecdote, que l'eſprit de vérité n'a pu cependant cacher. Mais ſi les Miniſtres du vrai Dieu ſe ſont livrés à un tel excès, les Miniſtres théocratiques des anciennes nations l'avoient en cela emporté ſur les Hébreux, par l'impoſture avec laquelle ils pallierent leurs déſordres. Ils en vinrent par-tout au comble d'impiété & d'inſolence de couvrir juſqu'à leurs débauches du manteau de la Divinité. C'eſt d'eux que ſortit un nouvel ordre de créatures, qui, dans l'efprit des peuples imbécilles, fut regardé comme une race particuliere & divine. Toutes les nations virent alors paroître les demi-dieux & les héros, dont la naiffance illuftre & les exploits porterent enfin les hommes à altérer leur premier Gouvernement, & à paffer du regne de ces Dieux qu'ils n'avoient jamais pu voir, fous celui de leurs prétendus enfants, qu'ils voyoient au milieu d'eux. C'eft ainfi que l'incontinente théocratie commença à fe donner des maîtres, & que ce Gouvernement fut conduit à fa ruine par le crime & l'abus du pouvoir.

L'âge des demi-dieux a été un âge auffi réel que celui des Dieux, mais prefqu'auffi obfcur. Il a été néceffairement rejetté de l'hiftoire, qui ne reconnoît que les faits & les temps tranfmis par des annales conftantes & continues. A en juger feulement par les ombres de cette mythologie univerfelle, qu'on retrouve chez tous les peuples, il paroît que le regne des demi-dieux n'a point été auffi fuivi & auffi long que l'avoit été le regne des Dieux, & que le fut enfuite le regne des Rois, & que les nations n'ont point toujours été affez heureufes pour avoir de ces hommes extraordinaires. Comme ces enfants théocratiques ne pouvoient pas naître tous avec des vertus héroïques qui répondissent à ce préjugé de leur naissance, le plus grand nombre s'en perdoit sans doute dans la foule, & ce n'étoit que de temps en temps que le génie de la naissance & le courage réciproquement secondés, donnoient à l'univers languissant des protecteurs & des maîtres utiles. A en juger encore par les traditions mytologiques, ces enfants illustres firent la guerre aux tyrans, exterminerent les brigands, purgerent la terre des monstres qui l'infectoient, & furent des preux incomparables qui, comme les Paladins de nos antiquités gauloises, couroient le monde pour l'amour du genre humain, afin d'y rétablir par-tout le bon ordre, la police & la sûreté. Jamais mission sans doute n'a été plus belle & plus utile sur-tout dans ces temps où la théocratie primitive n'avoit produit dans le monde que ces maux extrêmes, l'anarchie & la servitude.

La naissance de ces demi-dieux & leurs exploits, concourent ainsi à nous montrer quel étoit de leur temps l'affreux désordre de la police & de la religion parmi le genre humain. Chaque fois qu'il s'éle-

voit ún héros, le fort des fociétés paroif-
foit fe réalifer & fe fixer vers l'unité;
mais auffi-tôt que ces perfonnages illuf-
tres n'étoient plus, les fociétés retour-
noient vers leur premiere théocratie, &
retomboient dans leurs premieres miferes, jufqu'à ce qu'un nouveau libérateur
vînt encore les en retirer.

Inftruites cependant par leurs fréquentes
rechûtes & par les biens qu'elles avoient
éprouvés toutes les fois qu'elles avoient
eu un chef vifible dans la perfonne de
quelque demi-dieu, les fociétés commencerent enfin à ouvrir les yeux fur le
vice effentiel d'un Gouvernement qui n'a-
voit jamais pu avoir de confiftance & de
folidité, parce que rien de conftant ni
de réel n'y avoit repréfenté l'unité, ni
réuni les hommes vers un centre fenfible
& commun. Le regne des demi-dieux
commença donc à humanifer les préjugés
primitifs : & c'eft cet état moyen qui
conduifit les nations à defirer le regne
des Rois. Elles fe dégoûterent infenfiblement du regne des miniftres théocratiques, qui n'avoient ceffé d'abufer du pouvoir des Dieux qu'on leur avoit mis en
main; & lorfque l'indignation publique
fut montée à fon comble, elles fe foule-

verent contre eux, & placerent enfin un mortel fur le trône du Dieu Monarque, qui jufqu'alors n'avoit été repréfenté que par des fymboles múets & ftupides.

Le paffage de la théocratie à la royauté, fe cache, ainfi que tous les faits précédents, dans la nuit la plus fombre; mais nous avons encore les Hébreux dont nous pouvons examiner la conduite particuliere dans une révolution femblable, pour en faire enfuite l'application à ce qui s'étoit fait antérieurement chez toutes les autres nations, dont les ufages & les préjugés nous tiendront lieu d'annales & de monuments.

Nous avons déja remarqué une des caufes de la ruine de la théocratie judaïque dans les défordres de fes Miniftres; nous devons y en ajouter une feconde, c'eft le malheur arrivé dans· le même temps à l'Arche d'alliance, qui fut prife par les Philiftins. Un Gouvernement fans police & fans maître ne peut fubfifter fans doute; or tel étoit dans ces derniers inftants le Gouvernement des Hébreux. L'Arche d'alliance repréfentoit le fiege de leur fuprême Souverain en paix comme en guerre; elle étoit fon organe & fon bras; elle marchoit à la tête des armées comme le char du Dieu des combats ; on la fuivoit comme un Général invincible, & jamais à fa fuite on n'avoit doute de la victoire. Il n'en fut plus de même après fa défaite & fa prife ; quoiqu'elle fût rendue à fon peuple, la confiance d'Ifraël s'étoit affoiblie, & les défordres des Miniftres ayant encore altéré l'efprit des peuples, ils fe fouleverent, & contraignirent Samuël de leur donner un Roi qui pût marcher à la tête de leurs armées, & leur rendre la juftice. A cette demande du peuple on fait quelle fut alors la réponfe de Samuël, & le tableau effrayant qu'il fit de l'énorme pouvoir & des droits de la fouveraine puiffance. La flatterie & la baffeffe y ont trouvé un vafte champ pour faire leur cour aux tyrans ; la fuperftition y a vu des objets dignes de fes rêveries myftiques, mais aucun n'a peutêtre reconnu l'efprit théocratique qui le dicta dans le deffein d'effrayer les peuples, & les détourner de leur projet. Comme le Gouvernement qui avoit précédé, avoit été un regne où il n'y avoit point eu de milieu entre le Dieu Monarque & le peuple, où le Monarque étoit tout, & où le fujet n'étoit rien, ces dogmes religièux changés avec le temps

en préjugés politiques, firent qu'on appliqua à l'homme Monarque toutes les idées
qu'on avoit eu de la puiſſance & de l'autorité ſuprême du Dieu Monarque. D'ailleurs, comme le peuple cherchoit moins
à changer la théocratie qu'à ſe dérober
aux vexations des miniſtres théocratiques
qui avoient abuſé des oracles & des emblêmes muets de la Divinité, il fit peu
d'attention à l'odieux tableau qui n'étoit
fait que pour l'effrayer ; & content d'a-
voir à l'avenir un emblême vivant de la
Divinité, il s'écria : N'importe, il nous
faut un Roi qui marche devant nous,
qui commande nos armées, & qui nous
protege contre nos ennemis. Cette étrange
conduite ſembleroit ici nous montrer qu'il
y auroit eu des nations qui ſe ſeroient,
par des actes authentiques, ſoumiſes à l'eſ-
clavage, ſi ce détail ne nous prouvoit évidemment que dans cet inſtant, les nations
encore animées de toutes les préventions
religieuſes qu'elles avoient toujours eu
pour la théocratie, furent de nouveau
aveuglées & trompées par ſes faux principes. Quoique dégoûté du miniſtere ſacerdotal, l'homme, en demandant un Roi,
n'eut aucun deſſein d'abroger ſon ancien
Gouvernement ; il crut en cela ne faire

qu'une réforme dans l'image & dans l'organe du Dieu Monarque, qui fut toujours regardé comme l'unique & le véritable maître, ainfi que le prouve le regne
même des Rois Hébreux, qui ne fut qu'un
regne précaire où les Prophetes élevoient
ceux que Dieu leur défignoit, & comme
le confirme fans peine ce titre augufte
qu'ont confervé les Rois de la terre,
image de la Divinité.

La premiere élection des fouverains
n'a donc point été une véritable élection, ni le Gouvernement d'un feul un
nouveau Gouvernement. Les principes
primitifs ne firent que fe renouveller fous
un autre afpect, & les nations n'ont cru
voir dans cette révolution qu'un changement & qu'une réforme dans l'image
théocratique de la Divinité. Le premier
homme dont on fit cette image, n'y entra
pour rien; ce ne fut pas lui qu'on con-
fidéra directement : on en agit d'abord
vis-à-vis de lui comme on en avoit agi
originairement avec les premiers fymboles de fonte ou de métal, qui n'avoient
été que des fignes relatifs ; & l'efprit,
& l'imagination des peuples, refterent
toujours fixés fur le Monarque invifible
& fuprême. Mais ce nouvel appareil

ayant porté les hommes à faire une nouvelle application de leurs faux principes
& de leurs anciens préjugés, les conduifit
à de nouveaux abus, & au defpotifme
abfolu. Le premier âge de la théocratie
avoit rendu la terre idolâtre, parce qu'on
y traita Dieu comme un homme. Le fecond la rendit efclave, parce qu'on y
traita l'homme comme un Dieu. Sa même
imbécillité, qui avoit autrefois donné une
maifon, une table & des femmes à la
Divinité, en donna les attributs, les
rayons & la foudre à un fimple mortel :
contrafte bizarre, & conduite toujours
déplorable, qui firent la honte & le malheur de ces fociétés, qui continuerent
toujours à chercher les principes de la
police humaine ailleurs que dans la nature & dans la raifon.

La feule précaution dont les hommes
s'aviferent, lorfqu'ils commencerent à repréfenter leur Dieu Monarque par un de
leurs femblables, fut de chercher l'homme
le plus beau & le plus grand ; c'eft ce que
l'on voit par l'hiftoire de toutes les anciennes nations. Elles prenoient bien plus
garde à la taille & aux qualités du corps,
qu'à celles de l'efprit ; parce qu'il ne
s'agiffoit uniquement dans ces primitives
élec-

élections que de repréfenter la divinité
fous une apparence qui répondît à l'idée
qu'on fe formoit d'elle, & qu'à l'égard
de la conduite du Gouvernement, ce n'é-
toit point fur l'efprit du repréfentant, mais
fur l'efprit de l'infpiration du Dieu Monarque que l'on comptoit toujours. Ces
nations s'imaginerent qu'il fe révéleroit
à ces nouvaux fymboles, ainfi qu'elles
penfoient qu'il s'étoit révélé aux anciens.
Elles ne furent cependant pas affez ftupides pour croire qu'un mortel ordinaire
pût avoir par lui-même le grand privilege
d'être en relation avec la Divinité ; mais
comme elles avoient ci-devant inventé
des ufages pour faire defcendre fur des
fymboles de pierre & de métal, une vertu
particuliere & furnaturelle, elles crurent
devoir auffi les pratiquer vis-à-vis des fymboles humains ; & ce ne fut qu'après ces
formalités que tout leur paroiffant égal &
dans l'ordre, elles ne virent plus dans le
nouveau repréfentant qu'un mortel changé, & qu'un homme extraordinaire dont
on exigea des oracles, & qui devint l'objet de l'adoration publique.

Si nous voulions donc fouiller dans
les titres de ces fuperbes defpotes de
l'Afie, qui ont fi fouvent fait gémir la

E

nature humaine, nous ne pourrions en trouver que de honteux & de déshonorants pour eux; nous verrions dans les monuments de l'ancienne Ethiopie, que ces Souverains, qui, felon Strabon, ne fe montroient à leurs peuples que derriere un voile, avoient eu pour prédéceffeurs des chiens, auxquels on avoit donné des hommes pour officiers & pour miniftres. Ces chiens, pendant de longs âges, avoient été les Rois théocratiques de cette contrée, c'eft-à-dire, les repréfentants du Dieu Monarque; & c'étoit dans leurs cris, leurs allures, & leurs divers mouvements qu'on cherchoit les ordres & les volontés de la fuprême Puiffance, dont on les avoit fait le fymbole & l'image provifoire. Telle a été fans doute la fource de ce culte abfurde, que l'Egypte a rendu à certains animaux. Il n'a pu être qu'une fuite de cet antique & ftupide Gouvernement; & l'idolâtrie d'Ifraël dans le défert, femble nous en donner une preuve évidente. Comme ce peuple ne voyoit pas revenir fon conducteur, qui faifoit une longue retraite fur le Mont Sinaï, il le crut perdu tout-à-fait; & courant vers Aaron, il lui dit: Faites-nous un veau qui marche devant nous;

car nous ne favons ce qu'eft devenu ce Moïfe qui nous a tirés d'Egypte. Raifonnement bizarre, dont le véritable efprit n'a point encore été connu, mais qui juftifie, ce femble, pleinement l'origine que nous devons à l'idolâtrie & au defpotifme : c'eft qu'il y a eu des temps où un chien, un veau, ou un homme placé à la tête d'une fociété, n'ont été par cette fociété qu'une feule & même chofe, & où l'on fe portoit vers l'un ou vers l'autre de ces fymboles, fuivant que les circonftances le demandoient, fans que l'on crût pour cela rien innover dans le fyftême du Gouvernement. C'eft dans le même efprit que ces Hébreux retournerent fi conftamment aux idoles pendant leur théocratie. Toutes les fois qu'ils ne voyoient plus au milieu d'eux quelque Juge infpiré ou quelqu'homme fufcité de Dieu, il falloit alors retourner vers Malach ou vers Chamos, pour y chercher un autre repréfentant, comme on avoit autrefois couru au veau d'or pendant la difparition de Moïfe.

Préfentement arrivé où commence l'hiftoire *connue* des temps connus, il nous fera plus facile d'en fuivre le defpotifme & de vérifier l'origine par fa conduite &

par fes ufages. L'homme élevé à ce comble de grandeur & de gloire, d'être regardé fur la terre comme l'organe du Dieu Monarque, & à cet excès de puiffance de pouvoir agir, vouloir & commander fouverainement en fon nom, fuccomba prefqu'auffi-tôt fous un fardeau qui n'eft point fait pour l'homme. L'illufion de fa dignité lui fit méconnoître ce qu'il y avoit en elle de réellement grand & de réellement vrai, & les rayons de l'Etre Suprême dont fon diadême fut orné, l'éblouirent à un point qu'il ne vit plus le genre humain, & qu'il ne fe vit plus lui-même abandonné de la raifon publique qui ne voulut plus voir en lui un mortel ordinaire, mais une idole vivante infpirée du ciel. Il auroit fallu que le feul fentiment de fa dignité lui eût dicté l'équité, la modération, la douceur, & ce fut cette dignité même qui le porta vers tous les excès contraires. Il auroit fallu qu'un tel homme rentrât fouvent en lui-même, mais tout ce qui l'environnoit, l'en faifoit fortir, & l'en tenoit toujours éloigné. Eh! comment un mortel auroit-il pu fe fentir & fe reconnoître? il fe vit décoré de tous les titres fublimes dûs à la Divinité, & qui avoient été ci-devant

portés par les Idoles & ses autres emblêmes. Tout le cérémonial dû au Dieu Monarque fut rempli devant l'homme monarque. Adoré comme celui dont il devint à son tour le représentant, il fut de
même regardé comme infaillible & immuable ; tout l'univers lui dut, il ne dut
rien à l'univers. Ses volontés devinrent
les arrêts du ciel, ces férocités furent re-
gardées comme des jugements d'en-haut.
Enfin cet emblême vivant du Dieu Monarque surpassa en tout l'affreux tableau
qui en avoit été fait autrefois aux Hébreux. Tous les peuples souscrivirent comme Israël à leurs droits cruels & à leurs
privileges infensés ; ils en gémirent tous
par la suite, mais ce fut en oubliant de
plus en plus la dignité de la nature humaine, & en humiliant leur front dans
la poussiere, ou bien en se portant vers
des actions lâches & atroces, méconnois-
sant également cette raison qui seule pouvoit être leur médiatrice. Il ne faut pas
être fort versé dans l'histoire, pour reconnoître ici le Gouvernement de l'o-
rient depuis tous les temps connus. Seize
cents despotes qui y ont régné, à peine
en peut-on trouver deux ou trois qui
aient mérité le nom d'homme ; & ce

qu'il y a de plus extraordinaire, c'est que
les antiques préjugés, qui ont donné naiſſance au deſpotiſme, ſubſiſte encore dans
l'eſprit des Aſiatiques, & le perpétuent
dans la plus belle partie du monde dont
ils n'ont fait qu'un déſert malheureux.
Nous abrégerons cette triſte peinture :
chaque Lecteur inſtruit en ſe rappellant
les maux infinis que ce Gouvernement a
faits ſur la terre, retrouvera toujours cette
longue chaîne d'événements & d'erreurs,
& les ſuites funeſtes de tous les faux principes des premieres ſociétés.

C'eſt pour eux ſeuls que la religion
& la police ſe ſont inſenſiblement chan-
gées en fantômes monſtrueux, qui ont
engendré l'idolâtrie & le deſpotiſme, dont
la fraternité eſt ſi étroite, qu'ils ne ſont
qu'une ſeule & même choſe. Voilà quels
ont été les fruits amers des ſublimes ſpé-
culations d'une théocratie chimérique,
qui, pour anticiper ſur le céleſte avenir,
a dédaigné de penſer à la terre, dont
elle croyoit la fin prochaine.

Pour achever de conſtater ces grandes
vérités, jettons un coup d'œil ſur le cérémonial & ſur les principaux uſages des
Souverains deſpotiques, qui humilient
encore la plus grande partie des nations,

en y faifant reconnoître les ufages & les
principes de la théocratie primitive. Ce
fera fans doute mettre le dernier fceau de
l'évidence à ces annales du genre humain.
Cette partie de notre carriere feroit im-
menfe, fi nous n'y mettions des bornes,
ainfi que nous en avons mis à tout ce que
nous avons parcouru. Hiftoriens anciens
& modernes, voyageurs, tous concourent à nous montrer les droits du Dieu
Monarque dans la Cour des defpotes ;
& ce qu'il y a de remarquable, c'eft que
tous les Ecrivains n'ont écrit & n'ont
vu qu'en aveugles les différents objets
qu'ils ont tâché de nous repréfenter.

Tu ne paroîtras jamais devant moi les
mains vuides, difoit autrefois aux fociétés théocratiques le Dieu Monarque par
la bouche de fes officiers. (Exod. 73. 15.)
Tel eft fans doute le titre ignoré de ces
defpotes Afiatiques devant lefquels aucun
homme ne peut fe préfenter fans appor-
ter fon offrande. Ce n'eft donc point dans
l'orgueil ni dans l'avarice des Souverains,
qu'il faut chercher l'origine de cet ufage
onéreux, mais dans les préjugés primitifs qui ont changé une leçon de morale
en un étiquet politique. C'eft parce que
toutes chofes viennent ici-bas de l'Etre

Suprême, qu'un Gouvernement religieux
avoit exigé qu'on lui fît à chaque inftant
l'hommage des biens que l'on ne tenoit
que de lui; il falloit même s'offrir foi-
même, car quel eft l'homme qui ne foit
du domaine de fon Créateur? Tous les
Hébreux, par exemple, fe regardoient
comme les efclaves nés de leur fuprême
Monarque. Tous ceux que j'ai tirés des miferes d'Egypte, leur difoit-il, font mes
efclaves; ils font à moi, c'eft mon bien
& mon héritage. Et cet efclavage étoit
fi réel, qu'il falloit racheter les premiers
nés des hommes, & payer un droit de
rachat au miniftere public. Ce précepte
s'étendoit auffi fur les animaux; l'homme & la bête devoient être affujettis à
la même loi, parce qu'ils appartenoient
également au Monarque Suprême. Il en
a été de même des autres loix théocratiques, moralement vraies, & politique-
ment fauffes. Leur mauvaife application
en fit dès les premiers temps les principes fondamentaux de la future fervitude
des nations. Ces loix n'infpiroient que
terreur, & ne parloient que de châti-
ments, parce qu'on ne pouvoit que par
de continuels efforts, maintenir les fociétés dans la fphere furnaturelle où l'on

avoit porté leur police & leur Gouvernement. Le Monarque chez les Juifs en-
durcis & chez toutes les autres nations,
étoit moins regardé comme un pere &
comme un Dieu de paix, que comme un
ange exterminateur. Le mobile de la théocratie avoit donc été la crainte, elle le
fut auſſi du deſpotiſme. Le Dieu des Sci-
thes étoit repréſenté par une épée; le
vrai Dieu chez les Hébreux étoit auſſi
obligé, à cauſe de leur caractere, de les
menacer continuellement. Tremblez devant mon ſanctuaire, leur écrivit-il; qui-
conque approchera du lieu où je réſide,
ſera puni de mort. Et ce langage vrai
quelquefois dans la bouche de la religion,
fut enſuite ridiculement adopté des deſpotes Aſiatiques, afin de contrefaire en
tout la divinité. Chez les Perſes & chez
les Medes, on ne pouvoit voir ſon Roi
comme on ne pouvoit voir ſon Dieu ſans
mourir, & ce fut là le principe de cette
inviſibilité que les Princes orientaux ont
affecté dans tous les temps.

La ſuperſtition judaïque qui s'étoit imaginé qu'elle ne pouvoit prononcer le
nom terrible de Jehovah, qui étoit le grand
nom de ſon Monarque, nous a tranſmis
par-là un des étiquets de cette théocratie

primitive, dont l'efprit altéra quelquefois la théocratie judaïque, & qui s'eft auffi confervé dans le Gouvernement oriental. On y a toujours eu pour principe de cacher le vrai nom du Souverain. C'eft un crime de leze-majefté de le prononcer à Siam ; & dans la Perfe les ordonnances du Prince ne commencent point par fon nom, ainfi qu'en Europe, mais par ces mots ridicules & amphatiques : Un commandement eft forti de celui auquel l'univers doit obéir.... (Chard. tom. 6. chap. 11.) En conféquence de cet ufage théocratique, les Princes orientaux ne font connus de leurs fujets que par des furnoms. Jamais les Hiftoriens Grecs n'ont pu favoir autrefois les véritables noms des Rois de Perfe, qui fe cachoient aux étrangers comme à leurs fujets fous des épithetes attachées à leur fouveraine puiffance. Hérodote nous dit, liv. 5, que Darius fignifie, exterminateur ; & nous pouvons l'en croire, c'eft un vrai furnom de defpote.

Comme il n'y a qu'un Dieu dans l'univers, & que c'eft une vérité qui n'a jamais été totalement obfcurcie, les premiers mortels qui le repréfenterent, ne manquerent point auffi de penfer qu'il ne falloit qu'un Souverain dans le monde. Le dogme de l'unité de Dieu a donc auſſi donné lieu au dogme deſpotique de l'unité de puiſſance ; c'eſt-à-dire au titre de Monarque univerſel, que tous les deſpotes ſe ſont arrogé, & qu'ils ont preſque toujours cherché à réaliſer, en étendant les bornes de leur empire, en détruiſant autour d'eux ce qu'ils ne pouvoient poſſéder, & en mépriſant ce que la foibleſſe de leurs bras ne pouvoit atteindre. Sous ce point de vue, leurs vaſtes conquêtes ont été preſque toutes des guerres de religion, & leur intolérance politique n'a été dans ſon principe qu'une intolérance religieuſe.

Si nous portons nos yeux ſur quelques-uns de ces états orientaux qui ont eu pour particuliere origine la ſécularifation des Grands-Prêtres · des anciennes théocraties, qui, en quelques lieux, ſe ſont rendus ſouverains héréditaires, nous y verrons ces images théocratiques afficher juſqu'à l'éternité même du Dieu Monarque dont ils ont envahi le trône. C'eſt un dogme reçu en certains lieux de l'Aſie, que le grand Lama des Tartares, & que le Kulucha des Calmoucs ne meurent jamais, & qu'ils ſont immuables & éter nels comme l'Etre Suprême dont ils font les organes. Ce dogme qui fe foutient dans l'Afie par l'impofture, depuis une infinité de fiecles, eft auffi reçu dans l'Abeffinie; mais il y eft fpirituellement plus mitigé, parce qu'on y a éludé l'abfurdité par la cruauté. On y empêche le Chitome, ou Prêtre univerfel, de mourir naturellement. S'il eft malade, on l'étouffe; s'il eft vieux, on l'affomme; & en cela il eft traité comme l'Apis de l'ancienne Memphis, que l'on noyoit dévotement dans le Nil, lorfqu'il étoit caduc, de peur fans doute, que par une mort naturelle, il ne choquât l'éternité du Dieu Monarque qu'il repréfentoit. Ces abominables ufages nous dévoilent quelle eft l'antiquité de leur origine. Contraires au bien-être des Souverains, ils ne font donc point de leur invention; fi les defpotes ont hérité des fuprêmes avantages de la théocratie, ils ont auffi été les efclaves & les victimes des ridicules & cruels préjugés dont elle avoit rempli l'efprit des nations. Au Royaume de Saba, dit Diodore, on lapidoit les Princes qui fe montroient, & qui fortoient de leur palais; c'eft qu'ils manquoient à l'étiquette de l'invifibilité: nouvelle preuve de ce que nous venons de dire. Mais quel contraste allons-nous présenter? ce sont tous les despotes commandant à la nature même. Là, ils font fouetter les mers indociles, renversent les montagnes qui s'opposent à leur passage; ici ils se disent les maîtres de toutes les terres, de toutes les mers, de tous les fleuves, & se regardent comme les Dieux souverains de tous les Dieux de l'univers. Tous les Historiens moralistes qui ont remarqué ces traits de l'ancien despotisme, n'ont vu dans ces extravagances que les folies particulieres de quelques Princes insensés; mais pour nous, nous n'y devons voir qu'une conduite autorisée & reçue dans le plan des anciens Gouvernements. Ces folies n'ont rien eu de personnel; mais elles ont été l'ouvrage de ce vice universel, qui avoit infecté la police de toutes les nations.

L'Amérique qui n'a pas moins conservé que l'Asie une multitude de ces erreurs théocratiques, nous en présente ici une des plus remarquables dans le serment que les Souverains du Mexique faisoient à leur couronnement, & dans l'engagement qu'ils contractoient lorsqu'ils montoient sur le trône. Ils juroient & promettoient que pendant la durée de leur

regne les pluies tomberoient à propos
dans leur Empire; que les fleuves ni les
rivieres ne fe déborderoient point; que
les campagnes feroient fertiles, & que
leurs fujets ne recevroient du ciel ni du
foleil aucunes malignes influences. Quel a
donc été l'énorme fardeau dont l'homme
fe trouva chargé, auffi-tôt qu'à la place
des fymboles brutes & inanimés de la
premiere théocratie, on en eut fait l'i-
mage de la divinité! Il fallut donc qu'il
fût le garant de toutes les calamités naturelles qu'il ne pouvoit produire ni empêcher, & la fource des biens qu'il ne
pouvoit donner. Par-là les Souverains fe
virent confondus avec ces vaines idoles
qui avoient encore eu moins de pouvoir
qu'eux; & les nations imbécilles les obli-
gerent de même à fe comporter en dieux;
lorfqu'elles n'auroient dû, en les mettant
à la tête des fociétés, qu'exiger qu'ils fe
comportaffent toujours en hommes, &
qu'ils n'oubliaffent jamais qu'ils étoient,
par leur nature & par leur foibleffe,
égaux à tous ceux qui fe foumettoient à
eux, fous l'abri commun de l'humanité,
de la raifon & des loix. Parce que ces
anciens peuples ont trop demandé à leurs
Souverains, ils n'en ont rien obtenu;

le defpotifme eft devenu une autorité
fans bornes; & l'impoffibilité où il a été
de faire les biens extrêmes qu'on lui de-
mandoit, n'a pu lui laiffer d'autre moyen
de manifefter fon énorme puiffance, que
celui de faire des extravagances & des
maux extrêmes. Tout ceci ne prouve-t-il
pas encore que le defpotifme n'eft qu'une
idolâtrie auffi ftupide devant l'homme raifonnable, que criminelle devant l'homme religieux. L'Amérique pouvoit tenir
cet ufage de l'Afrique, où tous les defpotes font encore des Dieux de plein
exercice. Aux royaumes de Toloca, d'A-
gag, de Monomotapa, de Loango, &c.
c'eft à leurs Souverains que les peuples
ont recours pour obtenir de la pluie ou
de la féchereffe. C'eft eux que l'on prie
pour éloigner la pefte, pour guérir les
maladies, pour faire ceffer la ftérilité ou
la famine; & dans toutes les faifons de
l'année, on les invoque contre le ton-
nerre & les orages '& dans toutes les circonftances enfin où l'on a befoin d'un
fecours furnaturel. L'Afie moderne n'ac-
corde pas moins de pouvoir à quelques-
uns de fes Souverains; plufieurs préten-
dent encore rendre la fanté aux malades.
Les Rois de Siam commandent aux élé-

ments & aux génies mal-faisants; ils leur défendent de gâter les biens de la terre; & comme quelques anciens Rois d'E-gypte, ils ordonnent aux rivieres débor-dées de rentrer dans leur lit, & de cef-fer leurs ravages.

Nous pouvons mettre auffi au rang des privileges infenfés de la théocratie primitive, l'abus que les Souverains orien-taux ont toujours fait de cette foible moi-tié du genre humain, qu'ils enferment dans leurs ferrails, moins pour fervir à des plaifirs que la polygamie de leur pays femble leur permettre, que comme un étiquet d'une puiffance plus qu'humaine, d'une grandeur furnaturelle en tout. En fe rappellant ce que nous avons dit ci-de-vant des femmes que l'incontinente théo-cratie avoit données au Dieu Monarque, & des devoirs honteux auxquels elle avoit affervi fa virginité, on ne doutera pas que les fymboles des Dieux n'aient auffi hérité de ce tribut infame, puifque dans les Indes on marie encore folemnellement des idoles de pierre, & que dans l'an-cienne Lybie, comme le rapporte Hé-rodote au liv. 4, les peres qui ma-rioient leurs filles, étoient obligés de les amener au Prince la premiere nuit

de

de leurs noces pour lui offrir le droit du Seigneur. Ces deux anecdotes fuffifent fans doute pour montrer l'origine & la fucceffion d'un étiquet que les defpotes ont néceffairement dû tenir d'une adminiftration qui avoit avant eux perverti la morale & abufé de la nature humaine.

La fource du defpotifme ainfi connue, il nous refte pour completter auffi l'analyfe de fon hiftoire, d'efquiffer quel a été fon fort & fa deftinée vis-à-vis des Miniftres théocratiques, qui furvécurent à la ruine de leur premiere puiffance. La révolution qui plaça les defpotes fur le trône du Dieu Monarque, n'a pu fe faire fans doute fans exciter & produire beaucoup de difputes entre les anciens & les nouveaux maîtres. L'ordre théocratique dut-il voir tranquillement la caufe du Dieu Monarque intéreffée? l'élection d'un Roi pouvoit être *une rebellion* regardée en même temps comme une rebellion & comme une idolâtrie. Que de fortes raifons pour inquiéter les Rois, & pour tourmenter les peuples! Cet ordre fut le premier ennemi des empires naiffants & de la police humaine. Il ne ceffa de parler au nom du Monarque invifible, pour s'affujettir le Monarque vifible; & c'eft depuis cette époque que l'on a souvent vu les deux dignités suprêmes se difputer la primauté, lutter l'une contre l'autre dans le plein & dans le vuide, & fe donner alternativement des bornes & des limites idéales, qu'elles ont alternativement franchies, fuivant qu'elles ont été plus ou moins fecondées des peuples indécis & flottants entre la fuperftition & le progrès des connoiffances.

Un refte de refpect & d'habitude ayant laiffé fubfifter les anciens fymboles de pierre & de métal qu'on auroit dû fupprimer, parce que les fymboles humains devoient en tenir lieu, ils refterent fous la direction de leurs anciens officiers, qui n'eurent plus d'autre occupation que celle de les faire valoir de leur mieux, afin d'attirer de leur côté par un culte religieux, les peuples qu'un culte politique & nouveau attiroit puiffamment vers un autre objet. La diverfion a dû être forte fans doute dès les commencements de la royauté; mais les défordres des Princes ayant bientôt diminué l'affection qu'on devoit à leur trône, les hommes retournerent aux autels des Dieux & aux autres oracles, & rendirent à l'ordre théocratique prefque toute fa premiere autorité. Ces Miniſtres donnerent bientôt ſur les deſpotes eux-mêmes : les ſymboles de pierre commanderent aux ſymboles vivants ; la conſtitution des Etats devint double & ambiguë, & la réforme que les peuples avoient cru mettre dans leur premier Gouvernement, ne ſervit qu'à placer une théocratie politique à côté d'une théocratie religieuſe, c'eſt-à-dire, qu'à les rendre plus malheureux en doublant leurs chaînes avec leurs préjugés.

La perſonne même des deſpotes ne ſe reſſentit que trop du vice de leur origine. Si les nations ſe ſont aviſées quelquefois d'enchaîner les ſtatues de leurs Dieux, elles en ont auſſi uſé de même vis-à-vis des ſymboles humains ; c'eſt ce que nous avons déja remarqué chez les peuples de Saba & d'Abiſſinie, où les Souverains étoient le jouet & la victime des préjugés qui leur avoient donné une exiſtence funeſte par ces faux titres. De plus, comme l'origine des premiers deſpotes, & l'origine de tous les ſimulacres des Dieux, étoient la même, les Miniſtres théocratiques les regarderent ſouvent comme des meubles du ſanctuaire ; & les conſidérant ſous les mêmes points de vue que ces idoles primitives qu'ils décoroient de leurs

fantaifies, & qu'ils faifoient paroître ou difparoître à leur gré, ils fe crurent de même en droit de changer fur le trône comme fur l'autel, ces nouvelles images du Dieu Monarque, dont ils fe croyoient eux feuls véritables Miniftres. Voilà quel a été le titre dont fe font particuliérement fervi contre les Souverains de l'ancienne Ethiopie, les Miniftres idolâtres du temple de Meroé. " Quand il leur en prenoit
,, envie, dit Diodare de Sicile, liv. 3.
,, ils écrivoient aux Monarques que les
,, Dieux leur ordonnoient de mourir, &
,, qu'ils ne pouvoient fans crime défo-
,, béir au jugement du Ciel. Ils ajou-
,, toient à cet ordre plufieurs autres rai-
,, fons qui furprenoient aifément des
,, hommes fimples, prévenus par l'anti-
,, quité de la coutume, & qui n'avoient
,, pas le génie de réfifter à ces comman-
,, demens injuftes. Cet ufage y fubfifta
,, pendant une longue fuite de fiecles,
,, & les Princes fe foumirent à toutes ces
,, cruelles ordonnances fans autre con-
,, trainte que leur propre fuperftition.
,, Ce ne fut que fous Ptolomée fecond,
,, qu'un Prince, nommé Ergamenes, inf-
,, truit dans la philofophie des Grecs,
,, ayant reçu un ordre femblable, ofa le

„ premier fecouer le joug; il prit, con-
„ tinue notre Auteur, une réfolution vrai-
„ ment digne d'un Roi; il affembla fon
„ armée, & marcha contre le temple,
„ détruifit l'idole avec fes miniftres, &
„ réforma le culte.

C'eft fans doute l'expérience de ces triftes excès qui avoit porté dans la plus haute antiquité plufieurs peuples à recon-noître dans leurs Souverains les deux di-gnités fuprêmes dont la divifion n'avoit pu produire que des effets funeftes. On avoit vu en effet, dès les premiers temps con-nus, le facerdoce fouvent uni à l'empire, & des nations penfer que le Souverain d'un Etat en devoit être le premier Ma-giftrat. Cependant l'union du diadême & de la tiare ne fut pas chez ces nations fans vice & fans inconvénient, parce que chez plufieurs d'entre elles, le trône n'é-toit autre chofe que l'autel même qui s'étoit fécularifé, & que chez toutes on cherchoit les titres de cette union dans des préventions théocratiques & myfti-ques, toutes oppofées au bien-être des fociétés.

Nous terminerons ici l'hiftoire du def-potifme; nous avons vu fon origine, fes ufages & fes faux titres; nous avons fuivi

F iij

les crimes & les malheurs des defpotes dont on ne peut accufer que le vice de l'adminiftration furnaturelle qui leur avoit été donnée.

La théocratie, dans fon premier âge, avoit pris les hommes pour des juftes ; le defpotifme les a enfuite regardés comme des méchants. L'une avoit voulu afficher le ciel, l'autre n'a repréfenté que les enfers ; & ces deux Gouvernements, en fupportant des principes extrêmes qui ne font point faits pour la terre, ont fait enfemble le malheur du genre humain dont ils ont changé le caractere & perverti la raifon.

L'idolâtrie eft venue s'emparer du trône élevé au Dieu Monarque, elle en a fait fon autel ; le defpotifme a envahi fon autel, il en a fait fon trône, & une fervitude fans bornes a pris la place de cette précieufe liberté qu'on avoit voulu afficher & conferver par des moyens furnaturels. Ce Gouvernement n'eft donc qu'une théocratie païenne, puifqu'il en a tous les ufages, tous les titres, & toute l'abfurdité.

Arrivé au terme où l'abus du pouvoir defpotique va faire paroître en diverfes contrées le Gouvernement républicain,

c'eſt ici que dans cette multitude de nations anciennes, qui ont toutes été ſoumiſes à une puiſſance unique & abſolue,
on va reconnoître dans quelques-unes
cette action phyſique, qui concourt à
fortifier ou à affoiblir les préjugés qui
commandent ordinairement aux nations
de la terre, avec plus d'empire que leurs
climats.

Lorſque les abus de la premiere théocratie avoient produit l'anarchie & l'eſ-
clavage, l'anarchie avoit été le partage de
l'occident, dont tous les peuples devinrent errants & ſauvages, & la ſervitude
avoit été le ſort des nations *ſauvages*
orientales. Les abus du deſpotiſme ayant
enſuite fait gémir l'humanité, & ces abus
s'étant introduits dans l'Europe par les
légiſlations & les colonies Aſiatiques,
qui y répandirent une ſeconde fois leurs
préjugés & leurs faux principes. Cette
partie du monde ſentit encore la force
de ſon climat : elle ſouffrit, il eſt vrai,
pendant quelque temps ; mais à la fin l'eſprit de l'occident renverſa dans la Grece
& dans l'Italie le ſiege des tyrans qui s'y
étoient élevés de toutes parts : & pour
rendre aux Européens l'honneur & la
liberté qu'on leur avoit ravi, cet eſprit

F iv

établit pour tous le Gouvernement républicain, le croyant le plus capable de
rendre les hommes heureux & libres.

On ne s'attend pas fans doute à voir
renaître dans cette révolution les préjugés antiques de la théocratie primitive ;
jamais les Hiftoriens Grecs ou Romains
ne nous ont parlé de catéchimere myf-
tique, & ils font d'accord enfemble pour
nous montrer l'origine des républiques,
dans la raifon perfectionnée des peuples
& dans les connoiffances politiques des
plus profonds Légiflateurs. Nous crain-
drions donc d'avancer un paradoxe en
difant le contraire, fi nous n'étions foutenus & éclairés par le fil naturel de cette
grande chaîne des erreurs humaines que
nous avons parcourue jufqu'ici avec fuc-
cès, & qui va de même fe prolonger
dans les âges que l'on a cru les plus philofophes & les plus fages. Loin que les
préjugés théocratiques fuffent éteints lorfque l'on chaffa d'Athenes les Pififtrates
& les Tarquins de Rome, ce fut alors
qu'ils fe réveillerent plus que jamais ; ils
influerent encore fur ce plan des nouveaux
Gouvernements ; & comme ils dicterent
les projets de liberté qu'on imagina de
toutes parts, ils furent auffi la fource de

tous les vices politiques dont les légiflations républicaines ont été affectées &
troublées.

Le premier acte du peuple d'Athenes
après fa délivrance, fut d'élever une fta-
tue à Jupiter, & de lui donner le titre
de Roi, ne voulant point en avoir d'autre dans l'avenir. Ce peuple ne fit donc
autre chofe alors que rétablir le regne
du Dieu Monarque, & la théocratie lui
parut donc le véritable & le feul moyen
de faire revivre cet ancien âge d'or, où
les fociétés heureufes & libres n'avoient
eu d'autre fouverain que le Dieu qu'elles invoquoient.

Le Gouvernement d'un Roi théocratique, & la néceffité de fa préfence dans
toute fociété, tenoit tellement alors à la
religion des peuples de l'Europe, que malgré l'horreur qu'ils avoient conçue pour
les Rois, ils fe crurent néanmoins obligés d'en conferver l'ombre, lorfqu'ils en
anéantiffoient la réalité. Les Athéniens &
les Romains en reléguerent le nom dans
le facerdoce ; & les uns en créant un
Roi des augures, & les autres un Roi
des facrifices, s'imaginerent fatisfaire par-
là aux préjugés qui exigeoient que telles
ou telles fonctions ne fuffent faites que

par des images théocratiques. Il eſt vrai qu'ils eurent un grand ſoin de renfermer dans des bornes très-étroites le pouvoir de ces Prêtres Rois ; on ne leur donna qu'un faux titre & quelques vaines diſtinctions ; mais il arriva que le peuple ne reconnoiſſant pour maître que des Dieux inviſibles, ne forma qu'une ſociété qui n'eut de l'unité que ſous une fauſſe ſpéculation, & que chacun en voulut être le maître & le centre ; & comme ce centre fut par-tout, il ne ſe trouvà nulle part.

Nous dirons de plus que lorſque ces premiers républicains anéantirent les Rois, en conſervant cependant la royauté, ils y furent encore portés par un reſte de ce préjugé antique qui avoit engagé les primitives ſociétés à vivre dans l'attente du regne du Dieu Monarque, dont la ruine du monde leur avoit fait croire l'arrivée inſtante & prochaine. C'étoit cette fauſſe opinion qui avoit porté ces ſociétés à ne ſe réunir que ſous un Gouvernement figuré, & à ne ſe donner qu'une adminiſtration proviſoire. Or on a tout lieu de croire que les républicains ont eu dans leur temps quelques motifs ſemblables, parce qu'on retrouve chez eux tou-

tes les ombres de cette attente chimérique. L'oracle de Delphes promettoit aux
Grecs un Roi futur, & les Sybilles des
Romains leur avoient auſſi annoncé pour
l'avenir un Monarque qui les rendroit
heureux, & qui étendroit leur domina-
tion par toute la terre. Ce n'a même été
qu'à l'abri de cet oracle corrompu que
Rome marcha toujours d'un pas ferme
& ſûr à l'empire du monde, & que les
Céſars s'en emparerent enſuite. Tous ces
oracles religieux n'avoient point eu d'autres principes que l'unité future du regne
du Dieu Monarque, qui avoit jetté dans
toutes les ſociétés cette ambition turbu-
lante qui a tant de fois ravagé l'univers,
& qui a porté tous les anciens conqué-
rants à ſe regarder comme des Dieux ou
comme les enfants des Dieux.

Après la deſtruction des Rois d'Iſraël
& de Juda, & le retour de la captivité,
les Hébreux en agirent à peu près comme les autres Républiques. Ils ne réta-
blirent point la Royauté ni même le nom
de Roi; mais ils en donnerent la puiſſance & l'autorité à l'ordre ſacerdotal,
& du reſte ils vécurent dans l'eſpérance
qu'ils auroient un jour un Monarque qui
leur aſſujettiroit tous les peuples de la

terre ; mais ce faux dogme fut ce qui causa leur ruine totale. Ils confondirent cette attente chimérique & charnelle avec l'attente particuliere où ils devoient être de notre divin Messie dont le dogme n'avoit aucun rapport aux folies des nations. Au-lieu de n'espérer qu'en cet homme de douleur & ce Dieu caché, qui avoit été promis à leurs peres, les Juifs ne chercherent qu'un Prince, qu'un conquérant, & qu'un grand Roi politique. Après avoir troublé toute l'Assie pour trouver leur fantôme, bientôt ils se dévorerent les uns les autres; & les Romains indignés engloutirent enfin ces foibles rivaux de leur puissance & de leur ambition religieuse. Cette frivole attente des nations, n'ayant été autre dans son principe que celle du Dieu Monarque, dont la descente ne doit arriver qu'à la fin des temps, elle ne manqua pas de rappeller par la suite les autres dogmes qui en sont inséparables, & de ranimer toutes les antiques terreurs de la fin du monde : aussi vit-on dans ces mêmes circonstances où la République Romaine alloit se changer en Monarchie, les devins de la Toscane annoncer, dès le temps de Silla & de Marius, l'approche de la révolution des

fiecles, & les faux oracles de l'Afie fe-
mer parmi les nations ces alarmes & ces
fauffes terreurs qui ont agi fi puiffamment
fur les premiers fiecles de notre ére, &
qui ont alors produit des effets affez femblables à ceux des âges primitifs.

Par cette courte expofition d'une des
grandes énigmes de l'hiftoire du moyen
âge, l'on peut juger qu'il s'en falloit beaucoup que les préjugés de l'ancienne théocratie fuffent effacés de l'efprit des anciens Européens. En proclamant donc
un Dieu pour le Roi de leur république
naiffante, ils adopterent néceffairement
tous les abus & tous les ufages qui devoient être la fuite de ce premier acte;
& en le renouvellant, ils s'efforcerent
auffi de ramener les fociétés à cet ancien
âge d'or & à ce regne furnaturel de juftice, de liberté & de fimplicité qui en
avoit fait le bonheur. Ils ignoroient alors
que cet état n'avoit été dans fon temps
que la fuite des anciens malheurs du monde, & l'effet d'une vertu momentanée
& d'une fituation extrême qui n'étant pas
l'état habituel du genre humain fur la
terre, ne peut faire la bafe d'une conftitution politique, qu'on ne doit affeoir
que fur un milieu fixe & invariable. Ce

fut donc dans ces principes plus brillants que folides qu'on alla puiſer toutes les inſtitutions qui devoient donner la liberté à chaque citoyen, & l'on fonda cette liberté ſur l'égalité de puiſſance, parce qu'on avoit encore oublié que les anciens n'avoient eu qu'une égalité de miſeres. Comme on s'imagina que cette égalité, que mille cauſes phyſiques & morales ont toujours écartée & écarteront toujours de la terre, comme on s'imagina, dis-je, que cette égalité étoit de l'eſſence de la liberté, tous les membres d'une républi-que ſe dirent égaux, ils furent tous Rois, tous Légiſlateurs ou participants à la lé-giſlation. Pour maintenir ces glorieuſes & dangereuſes chimeres, il n'y eut point d'état républicain qui ne ſe vit forcé d'a-voir recours à des moyens violents & ſurnaturels. Le mépris des richeſſes, la communauté des biens, le partage des terres, la ſuppreſſion de l'or & de l'argent monnoyé, l'abolition des dettes, les repas communs, l'expulſion des étrangers, la prohibition du commerce, les formes de la police & de la diſcipline, le nombre & la valeur des voix légiſlatives, enfin une multitude de loix contre le luxe & pour la frugalité publique, les occupe-

rent & les diviſerent ſans ceſſe. On édi-
fioit aujourd'hui ce qu'il falloit détruire
peu après ; les principes de la ſociété
étoient toujours en contradiction avec
ceux de l'état, & les moyens qu'on em-
ployoit, étoient toujours faux, parce
qu'on appliquoit à des nations nombreu-
ſes & formées, des loix, ou plutôt des
uſages qui ne pouvoient convenir qu'à
un âge myſtique & qu'à des familles religieuſes.

Les républiques ſe diſoient libres, &
la liberté fuyoit devant elles ; elles vou-
loient être tranquilles, elles ne le furent
jamais ; chacun s'y prétendoit égal, &
il n'y eut point d'égalité. Enfin ces Gouvernements, pour avoir eu pour point de
vue tous les avantages extrêmes des théocraties de l'âge d'or, furent perpétuellement comme ſes vaiſſeaux qui, cherchant
des contrées imaginaires, s'expoſent ſur
des mers orageuſes, où, après avoir été
long-temps tourmentés par d'affreuſes
tempêtes, vont échouer à la fin ſur des
écueils, & ſe briſer contre les rochers
d'une terre déſerte & ſauvage. Le ſyſ-
tême républicain cherchoit de même une
contrée fabuleuſe ; il fuyoit le deſpotiſme, & par-tout le deſpotiſme fut ſa fin.

Telle étoit même la mauvaife conftitution de ces Gouvernements jaloux de liberté & d'égalité, que ce defpotifme qu'ils haïffoient, en étoit l'afyle & le foutien. Dans les temps difficiles il a fallu bien fouvent que Rome pour fa propre confervation, fe foumît volontairement à des dictateurs fouverains. Ce remede violent, qui fufpendoit l'action de toute loi & de toute magiftrature, fut la reffource de cette fameufe république dans toutes les circonftances malheureufes où le vice de fa conftitution la plongeoit. L'héroïfme des premiers temps le rendit d'abord falutaire; mais fur la fin, cette dictature fe fixa dans une famille; elle y devint héréditaire, & ne produifit plus que d'abominables tyrans.

Le Gouvernement républicain n'a donc été dans fon origine qu'une théocratie renouvellée; & comme il en eut le même efprit, il en eut auffi tous les abus, & fe termina de même par la fervitude. L'un & l'autre Gouvernement eurent ce vice effentiel de n'avoir point donné à la fociété un lien vifible & un centre commun qui la rappellât vers l'unité, qui la repréfentât. Dans l'ariftocratie, ce centre commun n'étoit autre que les grands de

la

la nation en qui réfidoit l'autorité. Mais
un titre porté par mille têtes ne pouvant
repréfenter cette unité, le peuple indécis
y fut toujours partagé en factions ou foumis à mille tyrans.

La démocratie où le peuple étoit fouverain, fut un autre Gouvernement pernicieux à la fociété, & il ne faut pas être
né dans l'orient pour le trouver plus ri-
dicule & plus monftrueux. Légiflateur,
fujet, & Monarque à la fois tantôt tout,
& tantôt rien. Le peuple fouverain ne
fut jamais qu'un tyran foupçonneux &
qu'un fujet indocile qui entretient dans
la fociété des troubles & des diffentions
perpétuelles qui la font à la fin fuccom-
ber fous les ennemis du dedans, & fous
ceux qu'on lui fait au-dehors. L'inconf-
tance de ces diverfes républiques & leur
courte durée fuffiroient feules indépendamment du vice de leur origine pour
nous faire connoître que ce gouvernement n'eft point fait pour la terre, ni
proportionné au caractere de l'homme,
ni capable de faire ici-bas tout fon bonheur poffible. Les limites étroites des
territoires entre lefquels il a fallu toujours
que ces républiques fe renfermaffent pour
conferver leur conftitution, nous mon-

G

trent auffi qu'elles font incapables de rendre heureufes les grandes fociétés. Quand
elles ont voulu vivre exactement fuivant
leurs principes & les maintenir fans al-
tération, elles ont été obligées de fe féparer du refte de la terre; & en effet, un
défert convient autant autour d'une république, qu'autour d'un empire defpotique, parce que tout ce qui a fes principes dans le furnaturel, doit vivre feul,
& fe féparer du monde. Mais par une
fuite de cet abus néceffaire, la multitude
de ces diftricts républicains fit qu'il y eut
moins d'unité qu'il n'y en avoit jamais eu
parmi le genre humain. On vit alors une
anarchie de ville en ville comme on en
avoit vu une autrefois de particulier à particulier. L'inégalité & la jaloufie des républiques entre elles firent répandre autant & plus de fang que le defpotifme le
plus cruel. Les petites fociétés furent dé-
truites par les grandes, & les grandes à
leur tour fe détruifirent elles-mêmes.

L'idolâtrie de ces anciennes républiques offriroit encore un vafte champ, où
nous retrouverions facilement tous les dé-
tails & tous les ufages de cet efprit théocratique qu'elles conferverent. Nous ne
nous y arrêterons pas cependant, mais

nous ferons feulement remarquer que fi elles confulterent avec la derniere ftupidité le vol des oifeaux & les poulets facrés, & fi elles commencerent jamais aucune entreprife, foit publique, foit particuliere, foit en paix, foit en guerre, fans les avis de leurs devins & de leurs augures, c'eft qu'elles ont toujours eu pour principe de ne rien faire fans les ordres de leur Monarque théocratique. Ces Républiques n'ont été idolâtres que par-là, & l'apoftafie de la raifon qui a fait le crime & la honte du paganifme, ne pouvoit manquer de fe perpétuer par leur Gouvernement furnaturel.

Malgré l'afpect défavantageux fous lequel les Républiques viennent de fe préfenter à nos yeux, nous ne pouvons oublier ce que leur hiftoire a de beau & d'intéreffant dans ces exemples étonnants de force, de vertu & de courage qu'elles ont toutes donnés, & par lefquels elles fe font immortalifées. Ces exemples en effet raviffent encore notre admiration, & affectent tous les cœurs vertueux; c'eft là le beau côté de l'ancienne Rome & d'Athenes. Expofons donc ici les caufes de leur vice.

Les Républiques ont eu leur âge d'or,

parce que tous les Etats furnaturels ont néceffairement dû commencer par-là. Les fpéculations théocratiques ayant fait la bafe des fpéculations républicaines, leurs premiers effets ont dû élever l'homme au-deffus de lui-même, lui donner une ame plus qu'humaine, & lui infpirer tous les fentiments qui feuls avoient été capables autrefois de foutenir le Gouvernement primitif qu'on vouloit renouveller pour faire reparoître avec lui fur la terre la vertu, l'égalité & la liberté. Il a fallu que le républicain s'élevât pendant un temps au-deffus de lui-même, le point de vue de fa légiflation étant furnaturel; il a fallu qu'il fût vertueux pendant un temps, fa légiflation voulant faire renaître l'âge d'or qui avoit été le regne de la vertu; mais il a fallu à la fin que l'homme redevînt homme, parce qu'il eft fait pour l'être.

Les grands mobiles qui donnerent alors tant d'éclat aux généreux efforts de l'humanité, furent auffi les caufes de leur courte durée. La ferveur de l'âge d'or s'étoit renouvellée, mais elle fut encore paffagere. L'héroïfme avoit reparu dans tout fon luftre, mais il s'éclipfoit de même, parce que les prodiges ici-bas ne font pas ordinaires, & que le furnaturel n'eft point fait pour la terre. Quelques-uns ont dit que les vertus de ces anciens Républicains n'avoient été que des vertus humaines, & de fauffes vertus; pour nous, nous difons le contraire, fi elles ont été fauffes, c'eft parce qu'elles ont été plus qu'humaines; fans ce vice, elles auroient été plus conftantes & plus vraies.

L'état des fociétés ne doit point être en effet établi fur le fublime, parce qu'il n'eft pas le point fixe, ni le caractere moyen de l'homme, qui fouvent ne peut pratiquer la vertu qu'on lui prêche, & qui, plus fouvent encore, en abufe lorf-qu'il la pratique. Quand il a éteint fa rai-fon, & lorfqu'il a dompté la nature, nous avons toujours vu jufqu'ici qu'il ne l'a fait, que pour s'élever au-deffus de l'hu-manité, & c'eft par les mêmes principes que les Républiques fe font perdues après avoir produit des vertus monftrueufes plu-tôt que des vraies vertus, & s'être li-vrées à des excès contraires à leur bon-heur & à la tranquillité du genre humain.

La vertu, ce mobile fi néceffaire du Gouvernement républicain & de tout Gouvernement, fondé fur des vues plus qu'humaines, eft tellement un reffort dif-

proportionné dans le monde politique,
que dans ces aufteres républiques de la
Grece & de l'Italie, fouvent la plus fublime vertu y étoit punie, & prefque
toujours maltraitée. Rome & Athenes
nous en ont donné des preuves qui nous
paroiffent inconcevables, parce qu'on ne
veut jamais prendre l'homme pour ce
qu'il eft. Le plus grand perfonnage, le
meilleur citoyen, tous ceux enfin qui
avoient le plus obligé leur patrie, étoient
bannis ou fe banniffoient d'eux-mêmes.
C'eft qu'ils choquoient cette nature humaine qu'on méconnoiffoit, c'eft qu'ils
étoient coupables envers l'égalité publique
par leur trop de vertu. Nous conclurons
donc par le bien & le mal extrême dont
les Républiques anciennes ont été fufceptibles, que leur Gouvernement étoit vi-
cieux en tout, parce que préoccupés des
principes théocratiques, il ne pouvoit
être que très-éloigné de cet état moyen,
qui feul, peut fur la terre arrêter & fixer
à leur véritable degré la fûreté, le repos, & le bonheur du genre humain.

Les excès du defpotifme, les dangers
des républiques, & le faux de ces deux
Gouvernements iffus d'une théocratie chimérique, nous apprendront ce que nous

devons penfer du Gouvernement monarchique, quand même la raifon feule ne nous le dicteroit pas. Un état politique, où le trône du Monarque, qui repréfente l'unité, a pour fondement les loix de la fociété fur laquelle il regne, doit être le plus fage & le plus heureux de tous. Les principes d'un tel Gouvernement font pris dans la nature de l'homme & de la planete qu'il habite. Il eft fait pour la terre, comme une république & une véritable théocratie ne font faites que pour le ciel, & comme le defpotifme eft fait pour les enfers. L'honneur & la raifon qui lui ont donné l'être, font les vrais mobiles de l'homme. Comme cette fublime vertu, dont les républiques n'ont pu nous montrer que des rayons paffagers, fera le mobile conftant des juftes de l'empire du ciel, & comme la crainte des états defpotiques fera l'unique mobile des méchants dans le tartare; c'eft le Gouvernement monarchique qui feul a trouvé les vrais moyens de nous faire jouir de tout le bonheur poffible, de toute la liberté poffible, & de tous les avantages dont l'homme en fociété peut jouir fur la terre. Il n'a point été, comme les anciennes légiflations, en chercher de chimériques, dont on ne peut conftamment ufer, & dont on peut abufer fans ceffe.

Ce Gouvernement doit donc être regardé comme le chef-d'œuvre de la raifon humaine, & comme le port où le genre humain, battu de la tempête en cherchant une félicité imaginaire, a dû enfin fe rendre pour en trouver une qui fût faite pour lui. Elle eft fans doute moins fublime que celle qu'il avoit en vue; mais elle eft plus folide, plus réelle & plus vraie fur la terre. C'eft là qu'il a trouvé des Rois qui n'affichent plus la Divinité, & qui ne peuvent oublier qu'ils font des hommes. C'eft là qu'il peut les aimer & les refpecter, fans les adorer comme de vaines idoles, & fans les craindre comme des Dieux exterminateurs. C'eft là que les Rois reconnoiffent des loix fociables & fondamentales, qui rendent leur trône inébranlable par le concours de leurs fujets heureux, & que les peuples fuivent fans peine & fans intrigue des loix antiques & refpectables, qui leur ont donné de fages Monarques, fous lefquels, depuis une longue fucceffion de fiecles, ils jouiffent de tous les privileges & de tous les avantages modérés qui diftinguent l'homme fociable de l'efclave de l'Afie, & du fauvage de l'Amérique.

L'origine de la monarchie ne tient en rien à cette chaîne d'événements & à ces vices communs qui ont lié jufqu'ici les uns aux autres tous les Gouvernements antérieurs ; & c'eft ce qui fait particuliérement fon bonheur & fa gloire. Comme les anciens préjugés qui faifoient encore par-tout les malheurs du monde, s'étoient éteints dans les glaces du Nord, nos ancêtres, tout groffiers qu'ils étoient, n'apporterent dans nos climats que le froid, ce bon fens avec ce fentiment d'honneur qui s'eft tranfmis jufqu'à nous pour être à jamais l'ame de la Monarchie. Cet honneur n'a été, & ne doit être encore dans fon principe, que le fentiment intérieur de la dignité de la nature humaine, que les Gouvernements théocratiques ont dédaigné & avili, que le defpotique a détruit, que le républicain a forcé, mais que le monarchique a toujours refpecté, parce que fon objet eft de gouverner des hommes incapables de cette vive imagination, qui a toujours porté les peuples du Midi aux vices & aux vertus extrêmes. Nos ancêtres trouverent ainfi le vrai, qui n'exifte que dans

un jufte milieu ; & loin de reconnoître dans leur chef des dons furnaturels
& une puiffance plus qu'humaine, ils fe
contenterent, en les couronnant, de les
élever fur le pavois & de les porter fur
leurs épaules, comme pour faire connoître qu'ils feroient toujours foutenus par
la raifon publique, conduits par fon efprit, & infpirés par fes loix. Bien plus,
ils placerent à côté d'eux des hommes
fages auxquels ils donnerent la dignité
de Pairs, non pour les égaler aux Rois,
mais pour apprendre à ces Rois, qu'é-
tant hommes, ils font égaux à des hommes. Leurs principes humains & modérés n'exigerent donc point de leurs Souverains qu'ils fe comportaffent en Dieux ;
& ces Souverains n'exigerent point non
plus de ces peuples fenfés, ni ce fublime
dont les mortels font peu capables, ni
cet aviliffement qui les révolte ou qui
les dégrade. Le Gouvernement monarchique prête la terre pour ce qu'elle eft,
& les hommes pour ce qu'ils font ; il les
y laiffa jouir des privileges & des droits
attachés à leur naiffance, à leur état &
à leur faculté ; il entretint dans chacun
d'eux des fentiments d'honneur qui font
l'harmonie & la confiftance de tout le

corps politique; & ce qui fait enfin fon
plus parfait éloge, c'eft qu'en foutenant
ce noble orgueil de l'humanité, il a fu
tourner à l'avantage de la fociété les paffions humaines, fi funeftes à toutes les
autres légiflations qui ont moins cherché
à les conduire qu'à les détruire ou à les
exalter. Conftitution admirable digne de
tous nos refpeéts & de tout notre amour!
chaque corps, chaque fociété, chaque
particulier même y doit voir une pofition d'autant plus conftante, & d'autant
plus heureufe, que cette pofition n'eft
point établie fur de faux principes, ni
fondée fur des mobiles ou des motifs chimériques, mais fur la raifon & fur le ca-
raétere des chofes d'ici-bas. Ce qu'il y a
même de plus eftimable dans ce Gouvernement, c'eft qu'il n'a point été la fuite
d'une légiflation particuliere ni d'un fyftême médité, mais le fruit lent & tar-
dif de la raifon dégagée de ces préjugés
antiques. Il a été l'ouvrage de la nature
qui doit être à bon titre regardée comme
la légiflatrice & comme la loi fondamen-
tale de cet heureux & fage Gouvernement. C'eft elle feule qui a donné une
légiflation capable de fuivre dans fes progrès le génie du genre humain, & d'éle-

ver l'esprit de chaque Gouvernement à mesure que l'esprit de chaque nation s'éclaire & s'éleve : équilibre sans lequel les deux esprits cherchoient en vain leur repos & leur sûreté.

Nous n'entrerons point dans le détail des diversités qu'ont entre elles les Monarchies présentes de l'Europe, ni des événements qui depuis dix à douze siecles ont produit ces variations. Dans toutes, l'esprit primitif est toujours le même ; s'il a été quelquefois altéré ou changé, c'est parce que les anciennes préventions des climats où elles sont venues s'établir, ont cherché à les subjuguer dans ces âges d'ignorance & de superstitions qui prolongerent pour un temps dans le sommeil le bon sens des nations Européennes, & même la religion la plus sainte. Ce fut sous cette ténébreuse époque que ces mêmes préjugés théocratiques qui avoient infecté les anciens Gouvernements, entreprirent de s'assujettir aussi les Monarchies nouvelles, & que sous mille formes différentes, ils en furent tantôt les fléaux & tantôt les corrupteurs. Mais à quoi sert de rappeller un âge dont nous détestons aujourd'hui la mémoire & dont nous méprisons les faux principes ? Qu'il nous ferve feulement à montrer que les monarchies n'ont pu être troublées que par des vices étrangers. Sorties du fein de la nature calmes & paifibles, elles n'ont eu de rapport avec les théocraties, filles des fauffes terreurs, que par les maux qu'elles en ont reçus, feules capables de remplir l'objet de la fcience du Gouvernement, qui eft de maintenir les hommes en fociété & de faire le bonheur du monde. Les monarchies y réuffiront toujours, en rappellant leur efprit primitif pour éloigner les faux fyftêmes, en s'appuyant fur une police immuable & fur des loix inaltérables, afin d'y trouver leur fûreté & celle de la fociété, & en plaçant entre la raifon & l'humanité, comme en une fûre garde, les préjugés théocratiques, s'il y en a qui fubfiftent encore. Du refte, c'eft le progrès des connoiffances qui, en agiffant fur les puiffances & fur la raifon publique, continuera de leur apprendre ce qu'il importe pour le vrai bien de la fociété. C'eft à ce feul progrès, qui commande d'une façon invifible, & victorieufe à tout ce qui penfe dans la nature, qu'il eft réfervé d'être le légiflateur de tous les hommes, & de porter infenfiblement &

fans effort des lumieres nouvelles dans le monde politique, comme il en porte tous les jours dans le monde favant.

Nous croirions avoir omis la plus intéreffante de nos obfervations & avoir manqué à leur donner leur degré d'authenticité dont elles peuvent être fufceptibles, fi, après avoir fuivi & examiné l'origine & les principes des divers Gouvernements, nous ne finiffions pas par faire remarquer & admirer, quelle a été la fagacité d'un des grands hommes de nos jours, qui, fans avoir confidéré l'origine particuliere de ces Gouvernements, qu'il auroit cependant encore mieux vu que nous, a commencé par où nous venons de finir, & a prefcrit néanmoins à chacun d'eux fon mobile convenable & fes loix. Nous avons vu que les républiques avoient pris pour modele l'âge d'or de la théocratie, c'eft-à-dire le ciel même : c'eft la vertu, a dit Mr. de Montefquieu, qui doit être le mobile du Gouvernement républicain. Nous avons vu que le defpotifme n'avoit cherché qu'à repréfenter le Monarque exterminateur de la théocratie des nations : c'eft la crainte, a dit encore M. de Montefquieu, qui doit être le mobile du defpotifme.

C'eſt l'honneur, a dit enfin ce Légiſlateur de notre âge, qui doit être le mobile de la monarchie, & nous avons reconnu en effet que c'eſt ce Gouvernement raiſonnable, fait pour la terre, qui laiſſant à l'homme tout le reſſentiment de ſon état & de ſon exiſtence, doit être ſoutenu & conſervé par l'honneur, qui n'eſt autre choſe que le ſentiment que nous avons-tous de la dignité de notre nature. Quoi qu'aient donc pu dire la paſſion & l'ignorance contre les principes du ſublime Auteur de l'Eſprit des Loix, ils ſont auſſi vrais que ſa ſagacité a été grande pour les découvrir & en ſuivre les effets ſans en avoir cherché l'origine. Mais tel eſt le privilege du génie, d'être ſeul capable de connoître le vrai d'un grand tout, lors même que ce tout lui eſt inconnu, ou qu'il n'en conſidere qu'une partie.

F I N.